U0579915

本译著的出版由 OECD 安排指定。本书非 OECD 官方译本，翻译质量与原书的一致性均由译者承担。若出现翻译与原文（英文）不符的情况，请以原文为准。

PISA

未来世界青少年行动指南
——PISA如何评估全球胜任力

经济合作与发展组织 / 著

胡 敏 郝福合 / 译

北京师范大学出版集团
BEIJING NORMAL UNIVERSITY PUBLISHING GROUP
北京师范大学出版社

OECD

原书由 OECD 以英文出版，标题如下：
OECD (2018), Preparing Our Youth for an Inclusive and Sustainable World, The OECD PISA Global Competence Framework,
http://www.oecd.org/pisa/Handbook–PISA–2018–Global–Competence.pdf

图书在版编目（CIP）数据

未来世界青少年行动指南：PISA 如何评估全球胜任力 / 经济合作与发展组织著；胡敏，郝福合译 . —北京：北京师范大学出版社，2019.11（2019.12重印）
ISBN 978-7-303-25238-1

Ⅰ.①未…　Ⅱ.①经…②胡…③郝…　Ⅲ.①青少年教育 – 教育研究　Ⅳ.① G775

中国版本图书馆 CIP 数据核字（2019）第 236697 号

营　销　中　心　电　话　010-57654738　57654736
北师大出版社职业教育与教师教育分社　http://zjfs.bnup.com

WEILAI SHIJIE QINGSHAONIAN XINGDONG ZHINAN: PISA RUHE
PINGGU QUANQIU SHENGRENLI
出版发行：北京师范大学出版社　www.bnup.com
　　　　　北京市西城区新街口外大街 12–3 号
　　　　　邮政编码：100088
印　　刷：北京盛通印刷股份有限公司
经　　销：全国新华书店
开　　本：889 mm×1194 mm　1/32
印　　张：3.75
字　　数：78 千字
版　　次：2019 年 11 月第 1 版
印　　次：2019 年 12 月第 2 次印刷
定　　价：25.00 元

策划编辑：姚贵平　　　　　　　责任编辑：戴　轶
美术编辑：焦　丽　　　　　　　装帧设计：焦　丽
责任校对：段立超　　　　　　　责任印制：陈　涛
新航道全球胜任力研究中心组织翻译

译者序

全球胜任力是 21 世纪人才核心素养的重要指标，是参与全球竞争与合作的能力。

2018 年，由经济合作与发展组织（Organisation for Economic Co-operation and Development，OECD，简称"经合组织"）发起的国际学生评估项目（Programme for International Student Assessment，PISA）首次将全球胜任力纳入考核，并且与哈佛大学"零点计划"（Project Zero）共同发布了《PISA 全球胜任力框架》。该框架中，全球胜任力被定义为："全球胜任力是分析当地、全球和跨文化议题的能力，是理解与欣赏他人视角和世界观的能力，是与不同文化背景者进行开放、得体、有效互动的能力，是为集体福祉和可持续发展采取行动的能力。"

这是全球胜任力第一次出现在大型国际测评项目中。其实早在此前，已有美国、瑞典、挪威、芬兰、加拿大等国家，在教育体系中纳入与全球胜任力相关的内容。我国教育界的有识之士们也早已意识到全球胜任力的重要性，进行了积极研究与实践，清华大学已将"全球胜任力"作为人才培养的核心目标之一，融入学校的教育体系。

全球胜任力的前沿研究已经先行，全球性测评也已经开展，但真正落实全球胜任力的重担在教育者肩上。对于大多数一线教师而言，如何在课堂上融入全球胜任力是一项比较新的挑战。如何应对挑战？让我们先来看一个故事。

在美国伊利诺伊州的一个中学课堂上，数学教师蕾切尔·弗鲁因（Rachel Fruin）用一则药价突然飙升的新闻引发"数学知识讨论"。弗鲁因先展示了过去一段时间一种治疗哮喘的药品价格上涨的曲线，当学生预测今日的价格后，她又展示了暴涨后的当日价格，然后组织学生开展讨论。弗鲁因说，学生们非常喜欢解决这些跟真实世界相关的数学问题，在这个真实事件中，他们接触到的是有关社会公平的数学问题。

通过这个案例，我们可以分析教师如何应对"教授"全球胜任力的挑战。第一，提升全球胜任力，并不意味着要开设一门叫作"全球胜任力"的新课程，而是可以将这个目标放入现有课程。就单个学科而言，数学课可以，人文类课程也可以。当然，由于全球胜任力涉及广泛的议题，所以也非常适合跨学科开展，比如多个学科联合起来，创建交叉课题，然后从每个学科的视角进行探讨。

第二，每位教师都可以培养学生的全球胜任力，但所起的作用可能不同。对于不熟悉全球胜任力的教师而言，首先是进行自我提升，其次可以从一些简单易行的方面着手，比如让学生了解联合国 17 项可持续发展目标，用自己的方式理解提出这些目标的原因以及实现它们的策略。其实还有一种情况是，一些教师或许已经在传递全球胜任力的要素但自己没有意识到，也因此并没有在这个方向上持续深入。

最近三四年，我们的团队一直在做全球胜任力的研究和实践推广，并且于 2018 年 8 月成立新航道全球胜任力研究中心，在《基础教育课程》《中国教育报》《青年文摘》等媒体上刊发了十几篇文章，今年还出版了国内第一本全球胜任力专著，介绍和诠释全球胜任力。在这个过程中，我们发现，一方面，培养具有全球胜任力的青少年在教育界拥有越来越多的共识；另一方面，挑战对于一线教师是真实存在的。因此，我们提出全球胜任力的教育者培训计划，并且组织翻译"全球胜任力丛书"。

在整个过程中，感谢经合组织教育与技能司司长安德烈亚斯·施莱歇尔（Andreas Schleicher）先生和亚洲协会（Asia Society）副会长、全球教育中心主任安东尼·杰克逊（Anthony Jackson）博士，两位及其团队的信任与支持使得本项目得以开启；感谢北京师范大学出版社职业教育与教师教育分社社长姚贵平先生及相关工作人员，他们的高效工作使得本书得以及时出版；还要感谢我的长期合作伙伴郝福合副教授细致入微的全程翻译，以及我们中心所有人员参与的联络与辅助工作。

最后，我们由衷地希望以这套丛书为媒介，可以帮助中国教育者进行系统培训，进而在课堂和各种教育场景中培养与提升青少年的全球胜任力。

胡　敏

2019 年 10 月 16 日

前　言

　　个人要在迅速变革的世界取得成功，社会要取得进步而不让任何人掉队，增强全球胜任力至关重要。我们都将因为日益增强的开放和融通趋势而获益良多，也将因为不断加剧的不平等现象和激进主义而损失巨大。在这一背景下，人们不仅需要具备保持竞争力、为全新工作环境做好准备的技能，而且更为重要的是，需要培养分析、理解全球和跨文化议题的能力。为了给所有人创造机遇并促进对人类尊严的普遍尊重，培养尊重、自信和归属感等价值观及社会情感能力至关重要。经济合作与发展组织（Organisation for Economic Co-operation and Development, OECD）正积极致力于评估国际学生评估项目2018（Programme for International Student Assessment 2018, PISA 2018）所引入的全球胜任力。我们可以共同为更具包容性的社会培养全球胜任力。

　　　　　　　　　　——加芙列拉·拉莫斯（Gabriela Ramos）
　　　　　　　　　OECD 幕僚长，二十国集团事务协调人

193 个国家在 2015 年做出承诺，要实现联合国的 17 项可持续发展目标，这是人类的共同愿景。在多大程度上可实现这一愿景将取决于今天的课堂；确保可持续发展目标成为与公民订立的真正社会契约，教育者是关键所在。第四项目标承诺让所有人获得优质教育，其宗旨并不限于读写能力、数学素养和科学素养等基础知识和技能，而是强调学会以可持续发展的方式共同生活。但是，这些目标只有显性化才有意义。因此，教育成就的全球衡量标准——PISA 将全球胜任力纳入其教育质量、公平与效度的衡量体系。PISA 于 2018 年首次对全球胜任力进行评估。该框架为此提供了理念支撑。

——安德烈亚斯·施莱歇尔（Andreas Schleicher）
OECD 教育与技能司司长，秘书长教育政策特别顾问

　　本框架是 PISA 参与国（地区）和 OECD 秘书处在安德烈亚斯·施莱歇尔（Andreas Schleicher）和尤里·贝尔法利（Yuri Belfali）指导下通力合作的成果。本框架由马里奥·皮亚琴蒂尼（Mario Piacentini）、马丁·巴雷特（Martyn Barrett）、韦罗妮卡·博伊克斯·曼西利亚（Veronica Boix Mansilla）、达拉·迪尔多夫（Darla Deardorff）及李惠媛（Hye-Won Lee）制定，由罗塞·博洛尼尼（Rose Bolognini）和娜塔莉·福斯特（Natalie Foster）编辑。娜塔莎·鲁滨逊（Natasha Robinson）提供了出色的研究协助，马蒂亚·巴尤蒂（Mattia Baiutti）则提供了有益的建议。本框架的制定建立在以往专家研究的基础之上。这些专家主持了第一阶段的评估制订工作，他们是达拉·迪尔多夫（Darla Deardorff）、大卫·克尔（David Kerr）、彼得·富兰克林（Peter Franklin）、萨拉·豪伊（Sarah Howie）、李荣安（Wing On Lee）、贾丝明·B-Y. 西姆（Jasmine B-Y Sim）及萨里·苏尔凯南（Sari Sulkinen）。同时感谢哈佛大学"零点计划"的宝贵建议和宣传工作。

目　录

引言：
全球胜任力评估的重要性

    21 世纪的学生身处互联、多元、迅速变革的世界。经济、数字、文化、人口和环境的新兴力量正在影响全球年轻人的生活，正在增加其跨文化日常交流的机会。这一复杂环境既提供了机遇，也提出了挑战。当今的年轻人不仅要学会参与互联更为紧密的世界，而且要学会欣赏文化差异并从中获益。培养全球和跨文化视野是一个教育可施加影响的过程——一个持续终身的过程（Barrett et al.，2014; Boix Mansilla & Jackson, 2011; Deardorff, 2009; UNESCO, 2013, 2014a, 2016）。

何谓全球胜任力？

    全球胜任力是一项多维能力。具备全球胜任力的人能够分析当地、全球和跨文化议题，理解与欣赏不同的视角和世界观，与他人成功进行尊重式互动，为可持续发展和集体福祉采取负责任的行动。

学校能否培养全球胜任力？

学校在帮助年轻人培养全球胜任力方面发挥关键作用。学校可提供机会，让年轻人批判性地分析对整个世界和个人生活都具有重大影响的全球最新动态。学校可教授学生如何批判、有效、负责任地利用数字信息和社交媒体平台。学校可让学生参与各项活动，培养他们对不同民族、语言和文化的鉴赏力，从而激发他们的跨文化敏感度和对不同文化的尊重（Bennett, 1993; Sinicrope, Norris & Watanabe, 2007）。同时，学校具有独特优势，可加强年轻人在社区和世界中的自我定位能力，并提升他们的判断力和行动力（Hanvey, 1975）。

我们为何需要全球胜任力？

为了在多元文化社会和谐共处

在日益多元化的社会中，全球胜任力教育可提升文化意识，促进尊重式互动。自"冷战"结束以来，民族文化冲突已成为世界政治暴力的最常见起因，且未见减弱迹象（Brubacker & Laitin, 1998; Kymlicka, 1995; Sen, 2007）。大量以宗教或民族派系之名滥用暴力的事件对下述观念构成挑战：不同文化背景者能够比邻而居，和平共处，接受差异，找到共同的解决之道，化解分歧。随着许多国家移民潮的高涨，社会须重新定义其身份认同和本土文化。当代社会需要复杂的归属形式与公民身份，个人必须和相距遥远的地域、人们、思想进行互动，同时加深对本土环境和自己社会内部多样性的了解。通过欣赏自己所处社会——包括国家、地区、城市、邻里、学校——的内部差异，年轻人可学会以世界公民的身份共处（Delors et al., 1996；UNESCO, 2014b）。教育尽管无法独力承担终结种族主义和歧视的重任，却能够让年轻人懂得反对文化偏见和刻板印象的重要性。

为了在不断变化的劳动力市场获得成功

全球胜任力教育可提升就业力。多元团队内的有效沟通和得体行为是许多职业取得成功的关键。随着科技不断为人们在全球范围的交往提供便利，这种状况将持续下去。雇主越来越多地招纳容易适应新环境，并能够将个人技能和知识应用转化至新环境的学习者。互联世界的工作准备度要求年轻人了解全球的复杂动态，对不同文化背景者持开放态度，在多元团队内建立信任，尊重他人（British Council, 2013）。

为了有效、负责任地使用媒体平台

在过去二十年，数字技术的剧变已影响到年轻人的世界观、与他人的互动方式和自我认知。网络、社交媒体和交互技术正催生新型学习方式，年轻人对自己学习的内容和方式拥有更多掌控。与此同时，年轻人的数字生活能够使其与自我和世界剥离，忽略自己的行为可能对他人造成的影响。此外，虽然科技有助于人们在世界范围轻松交往，但网络行为也表明，年轻人倾向于"类聚"（Zuckerman, 2014），即喜欢和一小群与自己共性多的人交往。同样，年轻人接触海量信息的同时，却往往欠缺媒体素养，即易受偏颇、片面或虚假新闻的蒙蔽。在这一背景下，培养学生的全球胜任力可帮助他们充分利用数字空间，更好地了解自己所处的世界，在网络上负责任地表达自己的观点。

为了支持可持续发展的目标

最后，全球胜任力教育有助于塑造关注全球议题，参与应对社会、政治、经济和环境挑战的时代新人。《2030 年可持续发展议程》认可教育在实现可持续发展目标方面所起的关键作用，号召所有国家"确保到 2030 年，所有学习者皆可习得促进可持续发展所需的知识和技能，其途径包括但不限于以下方面的教育：可持续发展和可持续的生活方式，人权，性别平等，弘扬和平与非暴力文化，世界公民素养，重视文化多样性和文化对可持续发展的贡献"（Target 4.7, Education 2030, Incheon Declaration and Framework for Action, p.20）。

我们是否应评估全球胜任力？

每所学校都应鼓励学生努力去理解最迫切的时代议题。只有当教育体系以坚实的框架为基础，界定新型学习目标，并利用不同类型的评估，反思教学举措和教学实践的效度，才能实现对学校提出的高标准，帮助学生成功应对日益互联的环境。在这一背景下，PISA 旨在提供一份综合概述，反映教育体系为营造学习环境所做的努力，这样的学习环境要求年轻人了解自己身边环境以外的世界，与他人互动并尊重其权利和尊严，为建设可持续发展的繁荣社会采取行动。这份文件的一个基本目标在于支持循证决策，涉及如何改进课程体系、教学、评估及学校对文化多样性的响应措施，以期培养年轻人成为世界公民。

我们如何评估全球胜任力？

PISA 2018 全球胜任力评估由两部分构成：认知评估和背景问卷。认知评估旨在激发学生的下述能力：批判性地分析全球议题；认识到外界对视角和世界观的影响；了解如何在跨文化背景下与他人沟通；确认并比较不同的行动方案，以解决全球和跨文化议题。

在背景问卷中，PISA 2018 将要求学生报告他们对全球议题的熟悉程度；语言和沟通技能的熟练程度；持有某些态度的程度，比如对不同文化背景者的尊重；在校有哪些培养全球胜任力的机会。学校和教师问卷的结果将提供对比情况，反映教育体系如何在课程和课堂活动中融合全球、国际和跨文化视角。

认知评估和背景问卷共同回答下述教育政策问题。

- 学生能够在多大程度上对当地、全球和跨文化当代议题做出批判性的分析？

- 学生能够在多大程度上理解和欣赏多重文化视角（包括自己的文化视角），并处理分歧和矛盾？

- 学生为跨越文化分歧的尊重式互动做了多少准备？

- 学生在多大程度上关注世界，采取行动，对他人的生活产生积极影响并保护环境？

- 在全球胜任力教育机会方面，国内和国际上存在哪些不平等现象？

- 在世界范围，多元文化、跨文化教育有哪些方法最常用于学校体系？

- 为培养学生的全球胜任力，教师是如何做准备的？

全球胜任力的概念及其教育启示

全球胜任力的维度

全球胜任力教育以跨文化教育、世界公民素养教育等多种全球教育模式的理念为基础（UNESCO, 2014a; Council of Europe, 2016a）。尽管各自的重点和范围不同，但这些模式都有一个共同目标，即加强学生对世界的了解，提升他们表达个人观点和参与社会事务的能力。

PISA 对全球胜任力的定义和评估提出一个新视角，对现有模式有所补充。这些概念基础和评估指导原则将有助于政策制定者和学校领导创建学习资源和课程体系，把全球胜任力作为一项认知、社会情感和公民学习的多层次目标（Boix Mansilla, 2016）；此外，将增强政府监督进展、确保提供长期系统支持的能力。

"胜任力"不仅是一项具体技能，而且是各类知识、技能、态度和价值观的统一，可成功应用于面对面、虚拟或借助媒介① 的交往（与被视为来自另一文化背景的人之间），以及个人的全球议题体验（即如下情景：要求个人反思并探究对当代和后世有深刻影响的全球问题）。全球胜任力学习是持续终身的过程，一个人无论何时都不可能完全掌握全球胜任力。PISA 将评估 15 岁学生处于该过程的哪个阶段，以及学校是否有效培养全球胜任力。

PISA 2018 对全球胜任力的定义如下：

> 全球胜任力是分析当地、全球和跨文化议题的能力，是理解与欣赏他人视角和世界观的能力，是与不同文化背景者进行开放、得体、有效互动的能力，是为集体福祉和可持续发展采取行动的能力。

该定义勾勒出人们需成功应用于日常生活的全球胜任力的四个维度。

1. 能够分析具有当地、全球和跨文化重要意义的议题和形势（如贫困、经济的相互依存、人口迁移、不平等、环境风险、冲突、文化差异、刻板印象）；

2. 能够理解与欣赏不同视角和世界观；

3. 能够与不同国家、民族、宗教、社会、文化、性别的人

---

① "借助媒介"是指借助媒体，如电视、互联网、电影、书籍、报纸等的影像和文字。

建立良性互动；

4. 能够并愿意为可持续发展和集体福祉采取建设性行动。

四个维度在很大程度上彼此依赖，互相交叉，因此可用"全球胜任力"一词统括。例如，文化背景不同的两个学生在为一个学校项目合作时，做到以下方面，则表现出全球胜任力：彼此增进了解（分析彼此的文化差异）；努力理解自己在项目中的角色及对方的视角（理解视角）；避免误解，清晰表达期望和感受（开放、得体、有效地互动）；总结从彼此身上学到的东西，以改善课堂和校内的社交关系（为集体福祉采取行动）。

定义文化

"文化"难以界定，因为文化群体内部总是异质的，其个体依循形形色色的观念和习俗。此外，随时间的推移，任何特定群体最典型的核心文化观念和习俗不断变化和发展。但是，差异可存在于文化的物质、社会和主观方面，即文化群体成员所普遍使用的物品（如工具、食品、服装等），群体的社会设置（如语言、交际习惯、民俗、宗教等），群体成员普遍用作思考世界、与世界交往准则的观念、价值观、话语和习俗。文化是一个由物质、社会和主观资源构成的网络，是三者合一的综合体。整套文化资源分布于整个群体，但群体每个成员所利用的仅仅是整套文化资源中可以获得的一小部分（Barrett et al.，2014; Council of Europe, 2016a）。

以这种方式定义文化意味着，任何一类社会群体都有自己的独特文化：国家群体、民族群体、信仰群体、语言群体、职业群体、代际群体、家族群体，等等。同时，这一定义暗示，所有个人均从属于多个群体，因此拥有多重文化隶属关系和身份认同（如国家、宗教、语言、代际、家族等）。尽管所有人都从属于多重文化，但每个人均参与一个不同的文化系列，他们与任何一种文化的联系，至少部分取决于受同时所属其他文化影响的视角。换言之，文化的隶属关系相互交叉，每个人都有独特的文化定位。

人们的文化隶属关系变动不居；随着个人从一种环境迁移到另一环境，自我文化定位会发生变动。这些变动取决于社会环境重视特定身份认同的程度，以及个人在该环境中的需求、动力、兴趣和期望（Council of Europe, 2016a）。

维度一：分析具有当地、全球和跨文化重要意义的议题

本维度是指，具备全球胜任力者在就一个全球议题形成个人观点时，把世界认知与逻辑推理有效结合的做法。本维度发展水平成熟的人利用较高级别的思维技能，比如选择和权衡适当证据，对全球动态做出推论。具备全球胜任力的学生能够利用在校习得的学科知识和思维模式，并将二者结合，就当地、

全球和跨文化议题提出问题，分析数据和论点，解释现象，形成立场（Boix Mansilla & Jackson, 2011）。同时，本维度的培养需要媒体素养，即获取、分析媒体信息并对其进行批判性评价，以及创建新媒体内容的能力（Buckingham, 2007; Kellner & Share, 2005）。具备全球胜任力的人能够有效使用和创建传统媒体和数字媒体。

分析具有全球重要意义的议题示例

在历史课上，一名学生了解到发展中国家的工业化和经济发展，及其如何受到国外投资的影响：许多与自己同龄的女孩没有上学，而是在条件恶劣的工厂里每天工作长达 10 小时。教师鼓励每名学生把一件服装带到课堂，查看标签，找到产地。这名学生惊讶地发现，自己的大多数衣服都产自孟加拉国。她想知道这些衣服是在何种条件下生产的。她查阅各种大众品牌商店的网站，以弄清生产标准和措施。她发现，有些服装品牌较之其他品牌更关注工厂人权。她同时发现，有些服装则是由人们长期在恶劣的工厂条件下生产出来的。她阅读了该议题的各种期刊文章，并在视频分享网站上观看了一部纪录短片。基于自己的发现，她开始购买公平贸易服装，并成为负道德责任生产的倡导者。

维度二：理解与欣赏他人的视角和世界观

本维度特别强调，具备全球胜任力者愿意并能够从多重视角考虑全球问题和他人的观点及行为。随着人们了解到其他文化的历史、价值观、交流方式、观念和习俗，他们能够认识到，自己的观点和行为受多重影响，自己并未一直完全意识到这些影响，而且他人与自己的世界观迥然不同（Hanvey，1975）。

探究不同的视角和世界观，要求个人分析他人和自己的设想有何根源和受到的影响。相应地，这意味着对他人的身份、关于现实的看法及其情感抱有极大的尊重和兴趣。具备这种能力的人也能解释并重视使双方跨越分歧、创建共同点的互通之处（比如人的基本权利和需求、共同经历）。他们保持自己的文化认同，同时意识到周围人的文化观念和价值观的不同。承认他人的立场或观念未必要予以接受。但是，透过"另一文化过滤层"看待事物的能力使人有机会在同他人交往时深化、质疑自己的视角，从而做出更为成熟的决定（Fennes & Hapgood, 1997）。

理解视角和世界观示例

一名学生注意到，班里有些同学不再吃午餐。询问后得知，他们在参加宗教斋戒。这名学生感到好奇，进一步询问相关问题：你们要斋戒多久？什么时候可以进食？可以吃什么食物？斋戒的宗教意义是什么？这名学生了解到，这些同学每年都要和家人、宗教社区一起斋戒。他同时了解到，斋戒对这些同学意义重大。这名学生对该意义加以反思。尽管他不斋戒，但他认识到，关于社区、牺牲和超越物质的主题为多种宗教所共有，包括自己的宗教传统在内。他进一步向同学询问，自己能否和他们共同斋戒一天，以体验斋戒对于他们的意义。同学们欣然同意，并邀请他和自己的家人共进晚餐，一起开斋。尽管这名学生并未赋予斋戒相同的意义，但通过这次体验，他对同学们的视角有了更好的了解，对宗教的多样性有了更多尊重。

维度三：进行开放、得体、有效的跨文化互动

本维度描述与不同文化背景者互动时，具备全球胜任力的人能够做什么。他们了解文化规范、互动方式和跨文化背景的正式程度。他们能够随机应变，灵活调整自己的行为和沟通方式。本维度涉及重视尊重式对话，希望了解他人，努力包容边缘群体。本维度强调跨越分歧，以开放、得体、有效的方式与他人互动的个人能力。开放的互动是指所有参与者对他人及其视角表现出敏感、好奇和接触意愿的互动。得体的互动是指尊重双方预期文化规范的互动。有效的互动是指所有参与者能够使他人理解自己并理解他人的互动（Barrett et al.，2014）。

跨越文化分歧，进行开放、得体、有效的互动示例

乔和艾与来自另一国家的学生迈克在合作一个学校项目。为开展头脑风暴，他们安排了一次网络平台视频讨论，但在约定的见面时间，迈克并未上线。几小时后，同学们终于在网络平台上取得联系。乔抱怨说，首次见面就不守时并非良好的开端。网络另一端的迈克始终保持沉默，未做任何解释，于是乔很生气。此时，艾成功地缓和了矛盾，表现出全球胜任力。她知道，在有些文化中，当察觉到愤怒情绪时，沉默被用作一种应对策略，而未必表示承认过错或无动于衷。她同时意识到，有些人不会直陈原委，以防产生分歧，伤害对方情感，破坏双方关系。因此，艾暂时未对迈克的行为做出评断，而是礼貌地询问他没有按时上线的原因。迈克解释说，这可能是由于双方对会面时间存在误解，因为乔和艾的国家在前一晚已进入夏令时，而他的国家却没有。多亏艾的介入，同学们才得以对这个小插曲付之一笑，成功着手他们的项目。

维度四：为集体福祉和可持续发展采取行动

本维度聚焦年轻人作为积极、负责任的社会成员的角色，涉及个人回应当地、全球和跨文化特定议题或形势的准备度。本维度认可年轻人的多个影响范围，从个人和当地到数字和全球。具备全球胜任力者创造机会，以便采取理性、反思性行动，并让他人听到自己的声音。采取行动可以是支持其尊严受到损害的同学，在校发起一项全球媒体活动，或者通过社交媒体就难民危机发表个人观点。具备全球胜任力者致力于改善自己社区的生活条件，同时致力于建设一个更为公正、和平、包容和环境可持续的世界。

为集体福祉和可持续发展采取行动示例

一组学生决定就自己学校在哪些方面可以减少本地和全球垃圾、降低污染，发起一项环保活动。在老师的支持下，他们组织了一系列有关如何减少垃圾和能源消费的讲座。同时，他们设计并巧妙分发宣传海报，以指导同学们在购买产品和处理垃圾时做出更佳选择。此外，他们与学生代表和学校管理者合作，在校园内推广使用垃圾回收箱和节能策略。

图1反映出全球胜任力四维一体（分析议题、理解视角、跨越文化差异进行互动、采取行动）的定义，每个维度都建立在具体知识、技能、态度和价值观的基础之上。

图1 全球胜任力的维度

全球胜任力的构成要素：知识、技能、态度和价值观 ①

全球胜任力的四个维度以四个不可分割的要素为支撑：知

---

① 本节有关知识、技能、态度和价值观的讨论以欧洲委员会（2016a）
对这些要素所确定的概念为依据。概念的确定经历了一个长期的过
程，涉及审核 101 项全球、跨文化和公民能力的现有概念方案。然
后确认这些方案中的基本价值观、技能、态度、知识和理解力，建
立一整套确认核心价值观、技能、态度、知识和理解力的标准。接
下来，拟订所得模式的初稿，学术专家、教育工作者和政策制定者
对模式加以审核并给予认可。考虑专家的反馈后，对模式予以微调
和定稿。概念化过程的详情见欧洲委员会（2016a）。

识、技能、态度和价值观。例如，分析一项全球议题（维度一）需要具备特定议题的相关知识，将知识转化为深入理解的技能，以及从多重文化视角反思议题、关注各方利益的态度和价值观。

有效的全球胜任力教育赋予学生机会，使其能够在校内外就全球议题交换看法，或者与不同文化背景者进行互动（如参与辩论，质疑观点，寻求解释，为深入研究和行动确定方向）时，运用自己的知识、技能、态度和价值观。

希望培养全球胜任力的学校社区着眼于明确、可管理的学习目标。这意味着，让所有教育者反思具有全球意义的教学话题，反思加深对世界的理解、在多元文化背景下促进尊重式互动所需的技能类型，反思驱动自主学习、激励负责任行动的态度和价值观。

本节内容概述个人掌握全球胜任力所需的知识、技能、态度和价值观。决策者、学校领导和教师在制订全球胜任力教学和评估策略时，可参考本节内容。但是，本节所述不敢妄称得出定论，面面俱到（全球胜任力的其他相关视角可能更看重另外的重要技能或态度，如问题构建或情绪的自我管理）。同时，相关技能与态度的界定和选取应与学校的办学环境相适应。

关于世界和其他文化的知识

全球胜任力以知识为支撑：这些知识既涉及跨文化，即文化间的共性、差异和联系，也涉及影响当地和世界范围生活的全球议题。这些知识有助于人们质疑对于他国和他人的错误信息和刻板印象，从而反对褊狭观念及对世界过于简单化的理解。

全球议题是指影响所有人（不分国别和社会群体）的议题，范围从贸易到贫困、人权、地缘政治和环境。全球议题通过反映世界不同地区生活的多样性与互通性，揭示其相互关联（Boix Mansilla & Jackson, 2011）。例如，某地的污染影响到别处的臭氧层；农业地区的洪灾不仅破坏当地环境和经济，也影响世界各地的市场，推动迁徙浪潮。同时，全球议题也是本地议题：其影响范围覆盖全球，但具体情形在地方社区却多种多样。

随着生态、社会经济利益跨越国界而出现全球议题，不同文化背景者之间的互动也产生了**跨文化议题**（形势）。在互动过程中，每一方的思维方式、观念、感受和行为都由对方解读。若文化之间没有极端差异，且人们乐于了解和接受这些差异，互动则可顺利进行。但跨文化互动也会遇到交流失败和误解。在最坏的情况下，误解会演变为负面的刻板印象、歧视行为和暴力冲突。

与其他知识领域不同，全球胜任力要求探究有争议的议题。学校可提供安全空间，以便学生能够研究在媒体上遇到的或亲身经历的复杂而有争议的全球议题。

可介绍给在校生和年轻人的全球或跨文化相关议题有很多。近来已有尝试，将各组复杂议题体系化，编写成一系列内容连贯的课程和学习材料，应用于各个课程层次（IBO, 2012; OXFAM, 2015; Reimers, 2017）。课程体系应关注以下四个知识领域：文化和跨文化关系；社会经济发展和相互依存；环境的可持续发展；全球机构、冲突和人权。教授这四个领域应强调观点和视角差异，质疑"真相"和"信息"等概念。例如，在分析世界经济发展不均衡的同时，教师可告知学生，对发展的概念和含义存在不同解读，从而激发学生按照不同标准衡量发展。

全球胜任力的首个重要知识领域涉及**文化和跨文化关系**的多重表现，如语言、艺术、知识、传统和规范。掌握该领域的知识有助于年轻人加强自己的文化认同，有助于他们理解文化间的异同，可促使他们重视保护文化的差异性和多样性。随着参与了解其他文化及具体差异，学生开始意识到多重复杂的身份认同，避免以单一身份标志将人们归类。通过反思自己和朋辈的文化认同，分析自己所在社区对人们的常见刻板印象，或者研究文化群体冲突或成功融合的示例，学生可习得该领域的知识。

有关**社会经济发展和相互依存**的知识领域是指学习世界不同地区的发展模式，着眼于社会和经济之间的联系与相互依存关系。学生可在不同难易程度上以适合发展的方式分析国际移民、跨国生产、全球品牌和技术等。以此方式，学生能够开始理解当地、国家和全球发展进程如何共同影响各国的发展模式，造成个人机会的不均衡。

学生需要在环境议题方面奠定坚实的知识基础，以推动和支持可持续发展。**环境的可持续发展**领域的学习活动有助于学生了解自然资源需求和利用的相关复杂体系与政策。

全球胜任力的第四个知识领域聚焦正式与非正式**机构**，这些机构支持和谐人际关系的建立和对基本人权的尊重。学生可了解联合国等全球机构是如何成立的，反思在一个权力关系高度不平衡的世界中全球治理的争议性质，审视当前和历史上国家、民族或社会群体冲突的起因和解决途径，探究年轻人在社会上发挥积极作用、肩负责任、行使权利的空间和机遇。深谙该领域的知识有助于年轻人培养如和平、不歧视、平等、公正、非暴力、宽容和尊重等价值观。

将全球和跨文化议题纳入课程体系

全球教育研究往往聚焦高年级的社会科学和外语课程（Gaudelli, 2006; Karamon & Tochon, 2007; Merryfield, 2008; Myers, 2006; Rapoport, 2010; Suarez, 2003）。但是，学生应了解以便为之负责并依此行动的当地、全球和跨文化议题却跨越教育层次和学科（Gaudelli, 2003; O'Connor & Zeichner, 2011）。为具体实施全球教育，许多倡导者建议将全球议题和话题融入现有科目（Klein, 2013; UNESCO, 2014）。实际上，有几个国家正采取双重做法：将全球胜任力的相关内容知识纳入现有课程体系，同时在具体科目或课程中教授（如人权教育）。如果当地、全球和跨文化议题被以适合发展的方式提供给学生，学生则可从童年早期开始逐渐了解这些议题（Boix Mansilla & Jackson, 2011; UNESCO, 2015）。

教师在课程体系中构建话题的方式会极大影响到该话题对培养全球胜任力的作用。在构建一个和学生共同探讨的话题时，教师可考虑该话题如何涉及当地和全球动态，考虑该话题如何让学生了解广阔的全球格局及其对当地环境的影响。例如，数学教师可要求学生判断，反映世界人口增长数据最适合使用一次函数还是指数函数，或者音乐教师可要求学生讨论当代嘻哈音乐在世界各地的表现方式有何差异。

为避免全球教育成为大而全的课程体系，教师须明确他们希望学生反思的全球和跨文化议题。教师需要合作研究话题，精心设计课程体系，给学生提供多种机会，使之了解一系列核心议题，在教育过程中其难度逐步递增（Gaudelli，2006）。专业学习共同体可让全体教师参与其中，促进合作和朋辈学习，效果显著。例如，李等人（Lee et al.，2017）的研究表明，在泰国，一些积极性高的教师参加了教育部主办的一项全球胜任力培训课程，之后在自己的学校组建了专业学习共同体，让其他教师参与其中，帮助他们将全球和跨文化议题融入课程，推动全校范围的项目。

在不同的科目中教授少数族裔文化需要掌握各民族、种族群体及其生活的准确信息和全面状况。课程体系应推动将不同人、不同地区和不同视角的相关知识融入全年课堂的日常安排（UNESCO，2014a），而不是"走马观花"，偶尔向学生浮光掠影般地介绍各国的生活。

课本和其他教学材料也可能歪曲文化和民族差异（Gay，2015）。因此，教师和学生应批判性地分析课本和教学资源，必要时弥补其不足。

将全球和跨文化议题与现实、环境及学习群体的需求相联系，这是使议题贴近青少年的一种有效方式（North-South Centre of the Council of Europe, 2012）。当议题内容和人们相关，当人们发现许多全球议题与自己身边的环境存在相似之处，他们就会学得更好，也更为投入。例如，通过研究自然现象（如飓风、洪灾）给自己所在社会造成的影响，学生可意识到气候变化带来的风险。在教授弱势或移民年轻人时，以文化回应的方式充分利用当地技术和年轻人的经验尤为重要（Suárez-Orozco, Suárez-Orozco & Todorova, 2008）。

理解世界和采取行动的技能

全球胜任力也有赖于具体的认知、沟通和社会情感技能。技能被定义为开展复杂严密思维（就认知技能而言）模式或行为（就行为技能而言）模式，以实现特定目标的能力。全球胜任力要求具备众多技能，包括借助信息的推理能力，跨文化背景下的沟通能力，换位思考能力，冲突化解能力，以及适应能力。

具备全球胜任力的学生能够**借助不同来源**（如课本、朋辈、有影响力的成人、传统和数字媒体等）**的信息进行推理**。他们能够自主确定自己的信息需求，以相关性和可靠性为基础，有目的地选择信息来源。他们能够利用合乎逻辑、有条不紊、循序渐进的方式分析文本或任何媒体形式的信息，研究关联及差异。他们能够以任何材料的内部一致性，与证据、自身知识和经验的一致性为基础，评价其价值、效度和信度。具备全球胜任力的学生质疑并反思文章作者的写作动机、目的和观点，吸引读者所用的写作技法，为表达思想所用的意象、声音、语言，以及不同人可能做出的各种解读。

具备全球胜任力的学生能够与被认为具有不同文化背景的人**进行有效的尊重式沟通**。有效沟通要求能够明确而自信地表达个人观点，即使表达根本分歧，也能心平气和。尊重式沟通要求理解不同听者的期望和视角，并利用这一理解满足听者的需求。进行跨文化交谈时，尊重他人的沟通者也能够核对、澄清词义。对有效的跨文化沟通而言，掌握一门以上的语言显然很重要。积极倾听也有助于跨文化背景下的顺利沟通——这不仅需要留意表达的内容，也需要注意语气和相应的肢体语言，留意表达的方式。具备全球胜任力的学生善于表达，在讨论和辩论全球议题、表达和证明个人观点、说服他人采取特定做法时，他们能够有效利用肢体语言和语气。

换位思考能力是指个人理解他人思想和感受所需的认知和社交技能。这是"设身处地"、确定并应对时常对立的观点的能力。换位思考能力不仅需要设想对方的观点，而且需要理解各种视角的相互关联。理解他人的视角有助于对群体差异做出更为成熟和宽容的解读。

具备全球胜任力的学生以建设性的方式对待矛盾，认识到矛盾是一个可控过程，而不是否认矛盾的存在。积极参与**管控、化解矛盾**需要倾听和寻求共同的解决方案。解决矛盾的可能方式包括：分析关键议题，需求和利益（如权力、赞扬、分工、公平）；确认矛盾的起因和矛盾各方的视角，认识到各方在地位或权力方面可能存在差异；确认共识和分歧；重新定义矛盾；管理和调节情绪，解读自己和他人潜在情绪和动机的变化，应对自己和他人的紧张、焦虑和不安全感；划分需求和目标的主次，选定可能的妥协方式及达成妥协的条件（Rychen & Salganik, 2003）。但是，管控和化解矛盾的方法可能因社会期望不同而有差异，因此并非要一概遵循此处概述的步骤。

适应能力是指让自己的思想和行为适应主流文化环境，或者适应可能提出新要求或挑战的全新形势和环境。掌握这项能力的人能够应对"文化休克"（culture shock）情绪，比如在新环境造成的模糊处境中感到沮丧、紧张和疏离。适应力强的学生能够更容易和其他文化背景者建立起长期的人际关系，在不断变化的环境中保持适应力。

全球胜任力培养的教学法

各种以学生为中心的教学法可帮助学生培养全球议题的批判性思维、尊重他人的沟通能力、冲突管控能力、换位思考能力及适应能力。

小组合作项目工作（group-based co-operative project work）可提升推理能力和协作技能，涉及适合各层次和年龄段的话题式或主题式任务。所有参与者商定目标和内容，学生可共同提供、评估、编制自己的学习材料。为有效合作，学生需要感到安全和放松，必须明确任务和目标。参与合作任务的学生很快意识到，为有效合作，他们需要彼此尊重，全神贯注，讲求诚信，体察他人情感（Barrett et al.，2014）。项目学习可将国内外的学生有效地联系在一起。例如，"全球城市"已创建一个数字交流项目（"全球学者"），来自 26 个国家的学生有机会在世界各地的电子课堂学习（Global Cities, 2017）。哈佛大学的"零点计划"也在 57 个国家创建了一个数字交流项目。

通过**有组织的课堂讨论**（organised discussions in the classroom），学生们可表达分歧、偏见及由文化决定的观念。为鼓励讨论，教师一般可利用发人深省的纪录短片、图片或文本（Costa & Kallick, 2013）。之后，学生可提供证据，发表评论，表达不同观点。就性质而论，课堂讨论是一种互动活动。反思式对话促成对朋辈观点的主动倾听和回应。通过在课堂交流观点，学生们了解到，对于一个问题，并非总有要牢记和被提供的单一正确答案；他们学会了解他人持有不同观点的原因，并能够反思自己观点的根源（Ritchhart et al.，2011）。

有组织的辩论（structured debates）是课堂讨论的一种具体形式，被越来越多地用于中学和高等教育，以提高学生对全球和跨文化议题的认知，锻炼其沟通和论证技能［有关学校教育的辩论资源，详见网络平台"idebate.org"和 Schuster & Meany（2005）］。在这种讨论形式中，学生得到指导，加入一个小组，支持或反对某项辩题，如"互联网应受审查"或者"举办奥运会是良好的投资"。清晰表达与自己不同的观点往往对学生有帮助。

　　服务式学习（service learning）是另一手段，可帮助学生通过真实体验培养多项全球技能。这种学习方式要求学生参与有组织的活动，这些活动以课堂所学为基础，服务于所在社区。活动结束后，学生要批判性地反思自己的服务经历，以加深对课程内容的理解，增强公民、社会、经济和政治议题方面的社会角色意识（Bringle & Clayton, 2012）。服务式学习与课程体系密切关联，既有别于其他类型的社区教育体验，也不同于志愿服务。通过服务式学习，学生不仅"在服务中学习"——这是应用型学习，而且"在学习中服务"（Bringle et al., 2016）。

　　故事圈教学法（story circle approach）已在世界各地的众多课堂中得到应用，以便让学生锻炼重要的跨文化技能，包括尊重他人、文化自我意识和移情能力（Deardorff, 即将发表）。学生以 5～6 人为一组，按照具体提示，比如"讲述初次遇到与自己不同的人时的经历"，轮流分享 3 分钟的故事，故事源自亲身经历。小组学生全部分享完个人故事之后，在回顾活动中，学生轮流简要分享每个故事最难忘的细节。其他类型的跨文化活动包括模拟、访谈、角色扮演和在线游戏（具体课堂活动示例，详见 Anna Lindh Foundation, 2017; Berardo & Deardorff, 2012; Council of Europe, 2015; Fantini, 1997; Seelye, 1996; Storti, 2017; Stringer & Cassiday, 2009）。

开放态度，对不同文化背景者的尊重，以及全球意识

全球胜任力包括重要倾向或态度，并受其推动。态度是指个人对他人、群体、机构、议题、行为或符号所采取的思维倾向。该思维倾向包括观念、评价、情感及特定行为的倾向。全球胜任力行为要求对其他文化背景者采取**开放**态度，对文化差异采取**尊重**态度，以及具备**全球意识**（即一个人是世界公民，无论具体文化或国家背景如何，对地球和他人都负有责任和义务）。培养这些态度的显性途径可以是参与式教学和以学生为中心的教学，隐性途径可以是以公平为特点的课程体系和对全体学生友好的校园氛围。

对其他文化背景者的开放态度包括对他人和其他世界观的敏感、好奇和接触意愿（Byram, 2008; Council of Europe, 2016a）。这种态度要求具有积极意愿，去争取和抓住机会，以便接触其他文化背景的人，发现、了解他们的文化视角及他们理解熟悉和不熟悉现象的方式，了解他们的语言和行为习惯。持开放态度的学生还具有另一重要特点，即在和他人交往时愿意暂时搁置自己的文化价值观、看法和行为习惯，不假定只有自己的价值观、看法和行为习惯正确。对不同文化持开放态度要有别于仅仅出于个人爱好或利益而只对积累"外来"体验感兴趣。与此相反，跨文化的开放态度表现为愿意和人们平等接触、合作和互动，而这些人被认为具有不同于自己的文化隶属关系。

尊重是指基于某人或某物具有内在价值的判断，对其持有的积极看法和评价。按照这一准则，尊重要求认可全人类的

尊严，认可他们拥有不可被剥夺的权利，可选择自己的隶属关系、观念、看法或行为。尊重文化差异并不要求轻视或忽视自己和他人之间可能存在的重大差异，也不要求同意、接纳或改信他人的观念。对他人的尊重也有人类尊严原则所设定的某些限制。例如，尊重的对象不应是观念和看法的内容，也不应是损害或侵犯他人尊严的生活方式和行为（Council of Europe, 2016a）。

在概念上，尊重应有别于宽容。在有些情况下，宽容或许仅仅是指对差异的容忍。尊重是一个不太模糊、较为积极的概念，其基础是在平等关系中承认对方的尊严、权利和自由。

全球意识被定义为"这样的世界观：一个人将自己和世界共同体紧密关联，对其成员负有责任感"（Hansen 引自 Hett, 2010）。具备全球意识者关注世界其他地区的人，并且具有道义责任感，无论距离远近和文化异同，努力改善他人的状况（Boix Mansilla & Gardner, 2007）。具备全球意识者关心未来世代，因此采取行动保护地球环境。具备全球意识者发挥作用，发表见解。他们批判性地意识到，其他人可能对人类需求持有不同的看法。当他们了解到这些不同的视角时，乐于反思并改变自己的想法。具备全球意识者努力为各种有尊严的生活方式创造空间，而不是认为可以消除所有差异。

重视人类尊严和差异

价值观不只是态度：超越具体的物体或情况。价值观是更为普遍的观念，涉及个人向往和追求的人生目标，反映的是个人所认为优先于其他一切选择的行为方式或存在状态。因而，价值观是人们在评判时有意识或无意识使用的衡量标准，对不同情况下应做什么、应考虑什么起规范和规定作用。因此，价值观是某些行为和态度的动机。例如，对于视独立性为重要价值观的人，若其独立性受到威胁，则感到愤怒；若无力保护其独立性，则感到绝望；若能够享受其独立性，则感到满足（Schwartz, 2012）。

重视人类尊严和文化多样性有助于培养全球胜任力，因为这些价值观构成至关重要的过滤器。借此，个人处理其他文化的相关信息，决定对待他人和世界的方式。培养这些价值观的个人会对自己和环境有更多认识，并积极反对排外、无知、暴力、压迫和战争。

教育对个人的价值观有深刻影响。上学期间，年轻公民塑造将坚持终生的思维习惯、观念和原则。因此，反思"培育人性"的最佳教育类型至关重要（Nussbaum, 1997）。我们应鼓励重视尊严、人权和差异的教育：强调让全世界人们凝聚起来的共性，而不是使其分化的议题；提供学习体验，让学生以多种视角看待世界，使其能够审视自己的思想和观念，以及自己社会的规范和传统；鼓励人们了解他人的痛苦所带来的重要影响；重视推理、仔细论证、逻辑分析、自我质疑及对真理与客观的追求。

尽管大多数人会一致认为，教育应帮助学生成长为关心和尊重他人的人（Delors et al., 1996），但对世界各地的教育体系应培养哪些价值观却存有争议。由于不同文化和历史背景之间的道德规范和社会制度各不相同，因此难以确定一套在所有地区和所有情况下普遍有效、解读一致的核心权利（Donnelly, 2007）。

《世界人权宣言》第一条讲到最低限度核心权利的构成要素（可指导世界各地教育）："人人生而自由，在尊严和权利方面一律平等。他们生来具有理性和良知，应以互爱精神彼此对待。"这一条界定了人权的两个根本基础：其一，每个人都因其为人而拥有内在价值；其二，这一内在价值应得到他人的认可和尊重，而他人的某些对待方式有悖于对这一内在价值的尊重。个人负有明确的道义责任，彼此对待的方式要受限于某些不可违背的制约因素。接受该价值观往往意味着帮助他人保护其生命中至为重要的东西。

尊重人类尊严这一基本权利的理念往往涉及保护他人免受歧视。安德鲁·克拉彭（Andrew Clapham, 2006）指出，对平等享有核心权利和尊严的重视有四个方面：（1）禁止一人对另一人的各种非人道对待、羞辱或侮辱；（2）确保个人自我选择的可能，确保每个人自我实现、独立自主或自我成就的条件；（3）认识到保护群体认同和文化对于保护个人尊严至关重要；（4）创造必要条件，让每个人的基本需求得到满足（Clapham, 2006）。玛莎·努斯鲍姆（Martha Nussbaum）认为，具有最低限度正义的社会须努力培养和支持一系列核心基本"能力"。这些能力被定义为做出选择，采取行动（如不受暴力侵害，能够想象、思考和推理，能够喜爱、悲伤、渴望、感激、合乎情理地发怒，等等）的机会。来自许多不同传统、对"美好"具有各种各样观念的人们能够一致认为，这些核心能力是追求美好生活的必要基础（Nussbaum, 1997）。

人们对一项议题存在争议，涉及人类尊严这一概念的起源。但是，在几个不同国家和文化中，我们可以发现对人类尊严的深刻思考。例如，乌班图（Ubuntu）这一非洲本土概念与西方哲学对人类尊严的概念构建密切相关。乌班图通常被译为"人道"，其精神强调尊重人类尊严，标志着从对抗到和解的转变（Mogkoro, 1995）。

全球胜任力的不同文化视角

跨文化能力、全球胜任力和世界公民素养的相关文献、理论及框架主要出现在西方的社会背景之下。但是，相关概念存在于世界许多国家和文化之中。全球胜任力的一个有趣视角来自南非，涉及乌班图的概念。述及乌班图的文献有很多（Nwosu, 2009; Khoza, 2011）。这一概念出自祖鲁人的谚语：Umuntu Ngumuntu Ngabantu，意为"人之所以为人是因为他人"。乌班图的概念可被用以诠释集体认同，以及归属感、同情心、移情能力和谦恭态度。世界各地的不同文化存在其他类似于乌班图的概念，包括安第斯和马来西亚的本土文化。在关于全球胜任力的其他文化话语中，受历史、社会、经济和政治现实影响的集体认同、集体关系和集体环境皆成为重点。在归纳不同文化间全球胜任力的中心主题时，迪尔多夫（Deardorff, 2013）特别指出以下关键要素：尊重、倾听、适应、构建关系、从多重视角看问题、自我意识、对文化的谦恭态度。

即使文化背景不同，尊重人类尊严的共同核心价值观也足够强大，可挑战许多体制对个人和群体滥用权力的正当性。[①]对弱势个人滥用权力的现象并非为战乱地区或脆弱国家所特有，而是到处都有发生：邻里、公司或学校。尤其是在学校，由于每名学生都应得到同样的公正、机会和尊严，人类尊严呈现具体的含义。校内歧视可能公开表现为发表仇外评论、欺凌、辱骂、隔离和肢体冲突。歧视现象也可能不太明显，但仍存在于刻板印象、对他人的恐惧和对某些群体的自然反应或有意回避之中。教授年轻人将人权用作行为准则可使他们放弃对他人的刻板印象、偏见和歧视，从而改善校园环境和学校所服务社区的社会关系。

在大多数情况下，尊重人类的核心权利和尊严与尊重和重视文化多样性相一致。具备全球胜任力的学生不仅应对文化多样性持积极态度（上文所界定的"开放""尊重"的态度），而且应视文化多样性为社会的宝贵财富和未来的追求目标。但是，重视文化多样性也存在某些限制，这些限制由人类尊严的不容侵犯性所决定（UNESCO, 2001）。重视文化多样性与重视人权之间会出现矛盾，可通过确定二者的主次规范加以解决：当两种价值观发生冲突时，尊重核心人权比尊重文化多样性更为重要。

在教育实践中培养多元文化价值观的做法包括鼓励学生采取行动，以促进所有人拥有个人视角、看法、观念和见

[①] 此处所提体制意义宽泛，不仅包括国家和市场，也包括丈夫、父母、官员、土地拥有者、社会当权者等，换言之，即一切拥有权力并可利用权力控制或干预人们生活的人。

解的权利，以及保护世界物质和非物质文化遗产（UNESCO，2009）。同时，这种做法也包括向所有学生传递一条信息，即他们的文化遗产很重要，让社会变得丰富多彩。

对学生关注、重视人类尊严和多元文化价值观的评估很复杂，需要许多评估策略，如访谈、交谈以及在一定结构化的情境中观察学生。尽管评估这些价值观不在 PISA 2018 全球胜任力评估的范围之内，但该框架将价值观纳入其中，希望在充分保护多元见解价值观的同时，激发有成果的讨论，其主题是，教育如何影响孩子形成以人权为依据的道德决策准则。认可价值观在教育中的重要地位并不意味着倡导以统一而固定的方式解读世界；相反，这意味着为学生应对世界提供一些重要参考（在世界上，并非每个人所持观点都与其一致，但每个人都有义务维护使不同人共存和成功的原则）。

教授关于全球胜任力的态度和价值观

为具体科目分配教学时间讨论人权和非歧视议题是培养全球胜任力价值观的首要步骤。但是，让尊重人类尊严和文化多样性的原则成为所有科目的主流，则会取得更多成果。例如，教师可利用多民族和多元文化的实例，诠释普遍原则和理念，或者强调不同民族的人对我们的集体知识和生活质量所做出的贡献。因此，教师需要开发各类多元文化的相关实例，培养在课堂教学中实例的常规和灵活运用技能，并加强这样做的自信。

传授价值观和态度一方面可借助正式的课程体系，

也可通过教师与学生的互动、纪律的加强、课堂上对某些类型观点和行为的认可来实现。例如，讲授美国内战的历史课可强调重视种族平等；但是，教师如果对少数族裔学生的处罚更严厉，所传达的则是一套自相矛盾的价值体系。较之学习各门课程，学生可能更易吸纳课堂文化。因此，认识到学校和课堂环境对培养学生价值观的影响，有助于教师更多地意识到教学对学生的作用。例如，教师如果希望促进学生间的种族和性别融合，可重新考虑教室的座位安排。

在以更积极的看法取代对少数族裔和经济困难学生的刻板印象方面，教师可发挥重要作用。但是，教师往往难以参与多元文化和歧视的公开讨论。部分原因是他们缺乏接触不同人的经历，以及认为歧视和道德方面的讨论总是存在争议。最终，教师可能仅仅聚焦有关多元文化的"安全"话题，如群体间的共性、民族习俗等，而忽略更棘手的议题，如不公平、非正义和压迫（Gay，2015）。

在教学生涯中给教师提供职业持续发展的机会，可以克服这些困难。具体的培训项目和模块可在以下方面帮助教师：培养批判性意识，即意识到不同科目和教学方法在反对种族主义和歧视方面所起的作用；培养认可和考虑学生多种需求，尤其是少数族裔需求的技能；掌握观察、倾听和跨文化沟通的基本方法和技巧（UNESCO，2007）。

PISA 全球胜任力评估

评估策略

　　全球胜任力构成复杂，评估需要一种多途径、多视角的手段。尽管仍有明显挑战和局限，但 PISA 2018 全球胜任力评估提供了这方面的一项最新成果。PISA 评估的最大挑战在于，需要借助单一国际手段，考虑到参与国（地区）所代表的各种地理和文化背景。在回答评估全球议题的推理问题时，学生如果成绩良好，则可能具备该议题的一些先备知识。学生已经具备何种类型的全球议题知识受所处特有社会背景的阅历影响。一方面，受试群体的文化差异要求测试材料不能过于偏重特定视角，比如富裕国家的学生考虑贫困国家问题的视角。同样，各测试单元应聚焦和所有国家（地区）15 岁学生相关的议题。另一方面，在设计场景和问题时过于偏重"文化中立"则会降低任务的真实性和相关性。测试设计还受制于评估时间有限，以及具有国际效度的全球胜任力行为因素衡量手段不足。

考虑到这些局限和挑战，PISA 2018 全球胜任力评估有两个组成部分：（1）一份认知测试，专注于"全球理解"的概念——定义为背景知识与认知技能的结合，这些背景知识与技能是解决全球和跨文化议题的相关问题所必需的；（2）一组问卷项目，收集来自学生的有关全球议题和文化意识、技能（认知技能和社交技能）、态度方面的自陈信息，以及来自学校和教师的有关培养全球胜任力活动的信息（见图2）。

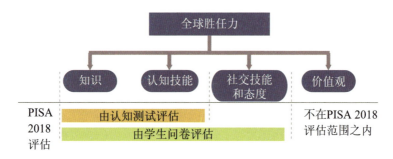

图2 PISA全球胜任力评估方法

结果报告将反映两部分评估之间的差异。学生对认知测试问题的回答能够客观判定为正确（部分正确）或者错误，从而以量表形式呈现。鉴于全球或跨文化议题和形势的理解能力可在校培养，预计 PISA 能力量表所提供的结果能以教育政策语言加以解读。但是，对于有些衡量态度或社会情感特征的问题（如"开放态度"），界定答案的正误更具争议，因为这些特征的培养及其对全球胜任力的促成作用可能是非线性的（超过某一限度，更多的"开放态度"未必更可取）。在自陈项目中，衡量问题也更为突出，因此，依照学生对问卷的应答给学生或国家（地区）排序可能导致曲解和误读。例如，在回答基于李克特量表的典型问卷项目（如询问是否强烈反对、反对、赞同、强烈赞同某种说法的问题）时，有些文化背景的人往往夸大其词，而有些人则持中间立场（Harzing, 2006）。因此，问卷项目的应答不会用来对国家（地区）和学生进行量表排序，而是仅仅用于说明在培养 15 岁学生全球胜任力的促成技能和态度方面，国家（地区）内部的总体情况和差异，以及分析这些技能和态度与学生的认知测试结果之间的关系。

PISA 认知测试要求学生完成几个测试单元，以此评估全球理解。每个测试单元包括一个场景（或典型个案）和各种场景化任务（见图 3）。在一个典型测试单元中，学生阅读一项个案，然后回答问题（亦称测试项目），问题评估学生对个案复杂情况及不同场景人物视角的理解能力。每个场景均置学生于一系列不同的情境之中，测试他们运用自己的背景知识和认知能力分析情境、提出解决方案的能力。

全球理解所需认知技能是学生全球胜任力全部四个维度的重要衡量标准。要求学生批判性地分析各种说法和信息的测试项目将提供重要信息，反映学生的"分析具有当地、全球和跨文化重要意义的议题"（维度一）能力。可通过测试项目考查学生的以下能力，评估"理解与欣赏他人的视角和世界观"（维度二）：意识到自己与他人的文化透镜和偏见，同时认识到不同视角；考虑影响这些视角的背景（文化背景、宗教背景、地区背景）；发现视角之间可能存在的关联或"共性"。此外，可通过测试项目考查学生能否理解交际背景和尊重式对话的准则，评估"进行开放、得体、有效的跨文化互动"（维度三）。

测试项目：任何关于特定场景、学生须完成的单项任务。测试项目的问题既可为开放式的，也可为封闭式的。分类法：按认知过程分类。

场景：以个案研究的形式，描述真实情景，以此为基础设计各项任务（测试项目）。每个场景对应多个测试项目。分类法：按内容、背景、难易程度和形式分类。

约翰在开展一个可再生能源的相关项目。他了解到，可再生能源有多种类型，并非每个人都支持某些类型的可再生能源。他决定观看一部有关……的纪录片。

问题1
……的实例有哪些？
在下列每个实例处，圈出"是"或"否"。

这是……的实例吗？	是或否
陈述A	是/否
陈述B	是/否
陈述C	是/否

问题2
请解释附近村庄居民对……的决定感到不满的原因。

测试单元：包括一个场景和对应的测试项目。每个测试单元都具有独立性和自含性。PISA认知测试由几个不同的测试单元构成。

图3　PISA 2018全球胜任力型测试单元所含要素

最后，可通过考查学生能否考虑解决全球问题的可能行动，并权衡这些行动的直接和间接结果，评估"为集体福祉和可持续发展采取行动"（维度四）。

学生问卷将提供补充信息，反映人们运用全球胜任力和文化胜任力应对日常生活所需的态度、知识和技能，但是其衡量不在 PISA 的认知测试范围之内。自陈技能和态度将通过李克特量表（其选择基于对实证研究的分析）加以衡量。

全球理解认知测试

该领域认知评估的简要回顾

该领域研究主要以学生的自陈报告为基础，认知评估的范例为数不多。在"全球理解调查"中（Barrows et al., 1981），作者将全球理解界定为四个要素的统一：（1）知识；（2）态度和洞察力；（3）总体背景关联能力；（4）语言运用能力。"全球理解调查"的知识领域包括 101 个多项选择题，涉及国际机构、重大历史事件和趋势，以及与 13 项全球主题相关的法律和政策框架。

"全球理解调查"的测试项目涉及现实世界的议题。报告指出经常获取新闻的学生在测试中得分更高。但是，作者发现，学生的教育经历——课程作业、语言学习或国外留学——与其国际化知识水平之间的关联并不强。最终报告也承认，对于全球理解的性质和培养，该评估所提供的启示有限。

国际教育成就评价协会（International Association for the Evaluation of Educational Achievement, IEA）"公民教育研究"（Civic Education Study），以及"国际公民和公民素养研究"（International Civic and Citizenship Study, ICCS）是另外两项可指导 PISA 测试项目开发的重要范例。ICCS 的重点研究问题涉及学生的公民教育和公民素养教育成绩，以及他们探究这些议题的倾向。ICCS 衡量以下四个内容范畴内知识、推理和分析的认知过程：（1）公民社会和制度；（2）公民原则；（3）公民参与；（4）公民身份认同（Schulz et al.，2010；Torney-Purta et al.，2015）。测试项目形式包括多项选择和开放式问题。

ICCS 中的一些项目衡量学生的分析和推理能力。推理项目要求学生运用知识和对所熟悉的具体情境的理解，得出关于复杂多样、陌生抽象情境的结论（Schulz et al.，2008）。

目前，越来越多的评估被用于衡量学生评价信息、对问题进行批判性思考的能力。[①] 在其中许多测试中，学生阅读一篇简短的文本，判断一系列与文本相关的陈述是对还是错。有些测试也包括主观问题，学生需要建立合乎逻辑的论点，或者阐释如何证明或巩固他人的结论。所有这些评估都注重推理、分析、论证和评价（Liu et al.，2014）。但是，这些测试只是笼

[①] 批判性思维的衡量工具包括恩尼斯—韦尔批判性思维问答题测试（Ennis & Weir，1985），康奈尔大学批判性思维测试（Ennis, Millman & Tomko, 1985），ETS HEIghten™ 批判性思维评估（Liu, Frankel & Roohr, 2014; Liu et al., 2016）和哈尔彭批判性思维评估（Halpern, 2010）。

统地考查上述能力，而 PISA 着眼于在具体的全球和跨文化议题背景下对这些能力的运用。

"场景式整体阅读综合评估"（Global Integrated Scenario-Based Assessment of Reading，GISA）是 PISA 测试的另一重要参考（O' Reilly & Sabatini，2013；Sabatini et al.，2014；Sabatini et al.，2015）。GISA 评估学生的"整体阅读能力"。这是一项多维能力，要求学生不仅能够利用、处理文本，而且能够借助自己的知识、策略、倾向及运用其他认知、语言和社会推理技能。传统阅读评估让学生漫无目的地阅读一组互无关联的文本。与此不同，GISA 运用一个基于场景的方法，有精心组织的一组任务。通过借助场景，提供真实背景和阅读目的，该评估能够更好地反映学生在面对实际阅读活动时所经历的认知过程。

GISA 评估也包括合作活动。例如，受试学生与模拟朋辈"互动"，以确定错误，纠正误解，提供反馈。和真实情况一样，模拟互动的成员可陈述事实，表述错误信息，表达观点，偏离主题。背景知识、自我调节策略和动机等表现调节变量，也在 GISA 中加以衡量，并被用于诠释阅读分数。

换位思考能力的评估相对很少。PISA 测试的一个相关范例是"以讨论和辩论促成理解"（Catalyzing Comprehension through Discussion and Debate, CCDD）倡议所开发的换位思考能力评估标准。[1] 该评估旨在测评学生能否认可、讲清、定位、阐释社会矛盾各方的视角，并提供考虑和融合各自不同立场的

---

[1]　获取详情，请登录 http://ccdd.serpmedia.org/。

解决方案。该评估让学生充当"顾问"，需化解发生于不同背景的社会矛盾。在一个样本评估单元，受试学生阅读一篇故事，故事涉及一名叫"凯西"的学生，她是霸凌受害者。评估要求受试学生为凯西提供建议，解释建议的理由，确认建议可能带来的负面影响。学生对这些问题需做出开放式的简短回答。

界定全球理解的概念

在过去十年，全球信息的获取途径和跨文化交往的机会大大增加。这意味着即使大多数 PISA 评估的学生并非主动去搜索，也可接触到广泛的全球议题视角和跨文化体验。然而，接触世界和其他文化的信息不一定可以提升理解力。把复杂知识过度简单化是缺乏学识的重要原因（Spiro et al.，1988），这在全球和跨文化议题领域尤为普遍。虽然信息匮乏往往造成错误认知，但是对世界的最初看法根深蒂固，难以改变，这一事实却加深了错误认知。鉴于人类通过创建分类体系来学习，新知识或体验的匮乏会造成分类和归纳的过度简单化，继而导致偏见和刻板印象。然而，即使学生接触适当的信息，但理解信息的方式消极，没有反思信息的深层意义，或利用信息调整自己的以往看法，也会产生错误认知。

学生需同时运用知识和技能来提升全球理解（见图4）。学生如果对某一议题了解不多，则难以确定文本的瑕疵，考虑多重视角（Willingham，2007），有效沟通，顾及相关议题的行动结果。但如果不具备理解力，跨文化和全球议题知识本身的作用则微乎其微。一个人即便了解了，也仍然会做出肤浅判断和草率处理（Williams-Gualandi, 2015）。理解力是运用知识、找到意义及不同信息和视角之间关联的能力。

PISA全球理解认知测试

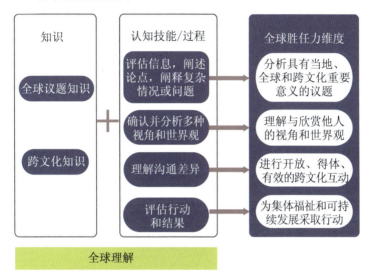

图4　全球理解认知测试与全球胜任力维度之间的关系

有助于全球理解的认知过程

出于分析和评估目的，本框架区分四个相互关联的认知过程，具备全球胜任力的学生需利用这些过程充分理解全球或跨文化议题和形势。

1.能够利用证据，建立证据间的关联，确认偏见和信息空缺，梳理相互矛盾的论点，以此评估信息，阐述论点，阐释复杂情况或问题。

2. 能够定位自己和他人看待世界的视角，并建立二者之间的关联，以此**确认并分析多重视角和世界观**。

3. 能够重视得体沟通的规范，根据各种文化背景的要求调整沟通方式，以此**理解沟通差异**。

4. 能够确认和比较不同的行动方案，在考虑长短期结果的基础上权衡行动，以此**评估行动和结果**。

因此，具备全球胜任力的学生应能够运用不同的认知过程，完成各类任务。第一个认知过程要求学生能够：利用证据对具有当地、全球和跨文化意义的议题或形势进行推理；有效查找有用的信息来源；以相关性和可靠性为基础评估信息；整合信息，以描述论说文本的主旨思想或谈话的重要片段；综合运用自己的背景知识、新知识和批判性推理，以构建全球和跨文化议题的多重因果阐释。

此外，对全球和跨文化议题的充分理解也要求学生认识到，一个人的看法和判断总是取决于自己的文化隶属关系和视角。因此，学生应能够认识到他人或其他群体的视角，以及影响这些视角的因素，包括他们获取信息和资源的途径。学生需能够阐释视角和背景如何影响人际交往及如何影响人们对事件、议题或现象的解读。

同时，具备全球胜任力的学生应通过分析沟通背景和准则，以及识别尊重标记，找出方法，以管控因沟通问题而产生的矛盾。

最后，学生如果能够评估不同的行动方案，提出解决途径，考虑行动的直接和间接影响，则表现出应具备的全球理解。因此，全球理解的最后一个基本认知过程，涉及从自己具备和掌握的信息中得出正确结论的能力。

不同类型的任务可测试学生将每个相互联系的认知过程应用于全球和跨文化议题的熟练程度。例如，可要求学生从某项议题的各种相关信息来源中选择最为可靠的一个；他们可评估一种说法是否证据确凿；可要求他们概述和阐释某个议题或情境，或者在各项可能的综述中做出选择；可要求他们找出一条媒体信息中的哪些部分传递了负面的刻板印象，或者做出了草率的归纳；他们可确认一个案例中的利益各方，列出可能促成各自立场的背景和文化因素；他们可明确在一次谈话中，哪些部分明显表现出对跨文化沟通方法的无知；可要求他们列出或选择所提的问题解决方案可能带来哪些影响。

尽管四个认知过程都是衡量具备全球胜任力者技能的重要指标，但 PISA 2018 全球胜任力评估的测试项目对四个认知过程的涉及并不会均衡。创建有效衡量学生理解沟通规范和差异（认知过程三）的测试项目尤为复杂，可能需要更长的研发和验证的时间。因此，较之其他，这一认知过程在 PISA 2018 测试中将较少体现。

表 1 描述了在四种认知过程（构成全球理解，即全球胜任力的认知层面）的初、中、高级发展层次上学生所具备的能力。

表 1　PISA 2018 全球胜任力测试中认知过程的层次

认知过程	子范畴	初级	中级	高级
1.评估信息、观点、阐述论点，释义或复杂情况或问题	选择信息来源（范围）	学生偏爱利用自己文化背景的信息来源、不具备搜索、选择、区分信息来源的显著策略。	学生搜索、选择自己的地理和文化背景（地区、语言、视角）之外的信息来源，同时，能够搜索和选择不止一种信息来源（如报纸、书刊、个人证词、政府报告）。但是，除能够利用不同信息来源，没有使用显著的具体策略。	学生能够有条不紊地搜索信息来源，使其得以确定探究议题所需信息的性质和范围。他能借助背景和信息来源的类别，理解所探究的议题，目的明确地选择信息来源。
	权衡信息来源（可靠性和相关性）	学生对信息的理解流于表面，不考虑背景因素（作者、地缘视角、文化）或信息来源的类别。他尚不能发现明显的偏见或偏见，能发现明显的自相矛盾之处，能无法判断信息来源与当前话题或说法是否相关。	学生能够判断信息来源与前话题或说法的相关性。同时，能够考虑背景因素，以评估说法的可靠性。他能够发现明显的偏见和自相矛盾之处，但是在某种程度上对信息来源的可靠性表现出二元观点（"有偏见"/"无偏见"）。	学生关注背景因素，以确定信息来源的可靠性和相关性。他了解不同信息来源的视角所发挥的重要作用，能够区分信息来源和说法的交流意图（陈述事实、表达观点，进行宣传），评估信息来源，确认前提是否合理提据确凿，确认表现刻板印象的假定或说法。

续表

认知过程	子范畴	初级	中级	高级
	利用信息来源（使用证据推理）	学生认为利用信息来源简单易行，只是复制和粘贴信息，形成论点。	学生了解多种信息来源的必要性，但是在利用信息来源建立论点时，却采取机械做法（如各使用两个"正""反"信息来源）。	学生认识到证据的临时性，认识到多个论点可以出自类似的信息来源。学生能够考虑证据，以研究和反驳对立的论点。同时，他能够处理自相矛盾的说法或信息来源。
	描述和阐释复杂情况或问题	学生能够对信息或视角做出简要归纳。归纳只是罗列信息，内容缺乏条理。学生尚不能对信息进行分门别类。	学生能够将更为宏观的概念（如文化、身份认同、人口迁移）和简单例证相联系，描述当前议题或形势。他能够组织内容，支持他人对议题的理解。	学生能够将更为宏观的概念（如文化、身份认同、人口迁移）与相关例证相联系，描述当前议题或形势。他能够将任务提供的信息相整合和关联，建立并表达明确、合理、有效的论点。

续表

认知过程	子范畴	初级	中级	高级
2. 确认并分析多种视角和世界观	识别视角和世界观	学生对视角的认识过于简单。以为每个人只有一个视角。他尚不能解释视角的根源。他认为背景或是无关紧要，或是起决定作用（"背景是主宰"）。 他认为视角（文化视角、宗教视角、语言视角）是一个人身份和世界观的标志，相对固定，界限分明，不易改变。 他认为个人身份主要从属于一个范畴（如国籍、宗教）。 他认为自己的文化视角或世界观并非与众不同，相反，以为自己的所知即即"常规"。	学生能够确认不同的参与者和议题的不同观点。 学生开始认识到，视角的差异植根于文化、宗教、社会经济、地区和其他背景，认识到自己也持有特定的世界观。 学生尚不能说清多种视角的相互关系。他开始将视角或世界观的差异看成植根于文化、宗教、社会经济、地区和其他背景。	学生能够描述与解读多种视角和世界观。 学生知道，视角植根于文化、宗教、社会经济、地区和其他背景，而且一个人的地理和其他背景可影响这个人看待世界的方式。 同时，他知道，个人身份是复杂的（可以同时是女孩、女儿、农场主和公民）。 他能够讲清视角之间的关联，将视角置于更宏阔的框架之内（比如，当看到来自不同民族的两名同学因文化偏见而争吵时，他知道，两人的关系反映了当今社会更宏观的紧张局势）。 他认为自己既有视角，也有盲点。他知道，自己的视角受自身文化背景和经历的影响，而且别人看待他的方式可能有别于他看待自己的方式。

续表

认知过程	子范畴	初级	中级	高级
	确认关联	除物理内涵和显著的文化标记之外，学生认识不到人与人之间的关联。学生认识不到背景对他人产生的影响，认为不同文化或背景的人遥远而奇特，思维和举止有异，没有共同权利或需求。	学生认识到，不同文化背景的人共同拥有大部分基本人权和需求（如食物、住房、工作、教育、幸福）。他理解这些权利或需求的意义，以及满足这些权利或需求的一些方式。	学生重视共同的人权和人类需求，批判性地反思个人、文化或背景差异，理解个人和社会在主张享有多样性和福祉的权利时可能遇到的障碍（经济不平衡、不平等的权利关系、暴力、不可持续发展的行为）。同时，他认识到，普遍人权给国家、地区和文化个性及其他形式的多样性留下巨大空间，而且普遍人权使得个人和群体能够追求自己的美好生活理想，只要其选择不妨碍他人的核心人权即可。
3.理解沟通差异	了解沟通背景和尊重式对话	学生尚不了解如何基于听众和背景进行有效得体的沟通。具体而言，他没有认识到在特定社会和特定文化背景下遇到的文化规范、互动方式、期望和正式程度。学生尚不能观察、积极倾听，解读社会和背景线索，如体	学生了解自己的沟通方式，试图使沟通适合背景需要。学生能够在特定社会和文化背景下确认一些互动方式、期望或正式程度，但尚不能适时调整自己的语言方式和沟通	学生理解自己的沟通方式，认识到有效得体的沟通必须适应听众、目的和背景。具体而言，在特定社会和文化背景下，遇到特定听众时，文化规范、互动方式、期望或正式程度会出现细微变化。他对此具有感知力。他积极倾听，细心观察，深入了解，包括了解促进自己沟通方式的社会和文化线索。学生能够将自己的

续表

认知过程	子范畴	初级	中级	高级
		势语、语气、措辞、身体互动、着装规范或沉默。遇到沟通中断时，学生感到困扰，缺乏了解整套沟通技能。	手段。遇到沟通中断（比如，学生能做出回应，请求重复或重新表述），但只是初步尝试。	信息化整为零，加以重述、修正或简化。他运用语言手段，比如，避免明确断言、分享疑问和困惑，承认他人的作用，推动礼貌、互惠式对话。
4.评估行动和结果	考虑行动	学生认为一种行动方案显而易见，没有问题。例如，遇到工业污染问题时，他可可能立即得出结论："关闭所有污染工厂。"	学生认识到，为应对某个议题或某种形势，或促进个人和社会福祉，可能也有必要采取多种行动方案。如果现有证据不足以得出最佳性行动方案的相关结论，他能够确认未调查的方向。	学生表现出确认、评估不同行动方案以解决某个议题之间做出权衡。他在各项行动方案之间做出权衡，比如，通过如下方式：考察先例，评估和评价现有证据、评估实现行动的条件。
	评估结果和影响	学生了解了简单行动的直接影响，未权衡多项行动及其影响，未考虑非预期结果。	学生了解特定立场或行动方案最有可能产生的直接结果，能够评估这些结果与现有立场或观点的对比情况。	学生考虑到各种可能的行动和决定所带来的直接和间接影响。他能够权衡近距距和远距结果，能够衡量短期和长期结果。同时，学生考虑到行动可能带来的非预期结果。

测试单元的内容

典型的测试单元基于一个场景，该场景聚焦一项全球或跨文化议题，并提供议题的不同视角。场景往往被用作教学手段，被用于测试单元时则可为教育政策和教师提供有用的证据，因为场景能激发学生的系统化逻辑思维。

国际评估中的场景化设计认为，有可能确认一系列"大项议题"，即无论生活环境或社会文化背景如何，所有年轻人都应了解的议题。然而，由于全球和跨文化议题不断演变，评估难以为场景确切划定相关内容。不过，表 2 勾勒出四个内容范畴及其相关子范畴，适用于所有学生。因此，PISA 认知测试中的每个场景都可归入其中一个内容范畴（子范畴）。

表 2　场景的内容范畴和子范畴

内容范畴 1：文化和跨文化关系
子范畴 1.1：多元文化社会中身份认同的形成
子范畴 1.2：文化表现和文化交流
子范畴 1.3：跨文化沟通
子范畴 1.4：换位思考，刻板印象，歧视和褊狭
内容范畴 2：社会经济发展和相互依存
子范畴 2.1：经济互动和相互依存
子范畴 2.2：人力资本，发展和不平等
内容范畴 3：环境的可持续发展
子范畴 3.1：自然资源和环境风险
子范畴 3.2：环境可持续发展的政策、做法和行为
内容范畴 4：机构、冲突和人权
子范畴 4.1：冲突和仇恨犯罪的防范
子范畴 4.2：普遍人权和当地传统
子范畴 4.3：政治参与和全球接触

认知测试每项时长为 1 小时，在构成这些认知测试的不同单元之间，测试开发者应力求四个内容范畴的均衡覆盖，侧重适用于多个内容范畴的场景。测试单元应优先选用为 15 岁学生所熟悉且与其相关的刺激材料，以便帮助他们参与任务。在设计场景和相关测试项目时，应谨慎评估和尽量减少敏感话题（比如，对少数族裔学生而言，针对少数族裔仇恨暴力事件的典型个案可能很敏感）所带来的风险。文本、漫画和照片等适当媒介的综合使用可提高场景质量，使之更贴近学生，从而减轻阅读负担，提高学生的任务参与度。同时重要的是，要避免使用有些场景，因其对某些身份认同或文化群体做刻板表现，从而会强化单一说法和偏见。

每个测试单元的场景不仅内容有别，背景也会不同。例如，场景可涉及学生的个人背景（与自我、家庭和朋辈群体相关的情境），本地背景（更大的社交网络、社区、城市或国家），或者全球背景（通过接触媒体、参与社交网络所体验到的世界各地的生活）。例如，在多元文化课堂学生互动这样的个人背景下——多元文化课堂不仅涉及国家（地区）背景差异，而且涉及性别、宗教、社会经济差异等——可评估学生的跨文化沟通和理解技能（认知过程 2 和过程 3，以及内容范畴 1）。场景若包含多元文化社区（本地背景）的冲突历史或积极的文化交流历史，则可用作测试项目的有用背景，评估学生是否理解本地社区内社会融合所面临的挑战；场景若要求学生分析全球新闻，或与另一国家（地区）的学生远程合作一个项目，则可利用各种内容范畴和认知过程。

测试单元的复杂程度

对被评估认知过程（表1的描述）的有效利用与学生的内容知识（关于要研究的议题或形势）关系密切。尽管分析和评估信息的认知技能在本质上具有普遍性，但全球和跨文化议题却提出具体挑战，需要具备世界和文化差异的相关知识。例如，只有对气候变化的后果有一定了解的学生，才可能在减少城市碳排放的相关辩论中完全理解彼此对立的立场。同样，学生如果对某项议题一无所知，就难以从多重视角考虑该议题。在本框架中，背景内容知识被看作认知过程的重要促进因素，在被要求反思测试单元提供的特定典型个案时，学生可加以利用。

学生在阅读每个测试单元的场景所提供的文本或对话时，其理解力同时受限于场景材料的内容和难易程度，以及全球理解所需认知过程的发展程度。因此，个体测试单元的认知要求取决于学生完成任务需运用的内容知识水平和认知技能。在难度更大的测试单元中，内容范畴并未在场景中明确说明，学生通常须根据自己的相关知识提供信息。

表3按照场景和测试单元所要求具备的内容知识水平和一般阅读能力，列出了各测试单元的复杂程度分类。尽管语言解码和理解的一般技能并非全球胜任力不可或缺的组成部分，但是测试场景和项目所用语言却不可避免地影响到测试项目的难度。因此，需避免使用高度复杂的语言，以降低下述风险：测试结果受到文本解码和语言理解技能差异的严重影响。至于范畴特有的内容知识，要求先前对相关信息和跨文化情境有所接触是测试难度的重要因素，因此也是学生认知测试表现的重要因素。

表3 场景的维度和复杂程度

复杂程度	范畴特有知识	场景比例	一般知识（文本和语言）	场景比例
低	测试单元分析的话题为绝大多数学生所熟悉。为理解测试单元内容，要求学生事先具备的话题/议题知识很有限。	约占40%	设置场景所用语言极为简单，不使用某个社会文化群体或人群所特有的专业词汇和表达。	约占60%
中	大多数学生经常听说该话题/议题，但未必熟悉所有方面。在校内外对话题/议题有所接触的学生预计在该测试单元表现较好。	约占40%	场景语言为大多数15岁的学生所熟悉。选取的词汇专用于和非专业者的沟通。当虚构对话用作场景时，尽量减少不同群体沟通方式的差异。单一文本内部统一，多个文本关系明确。	约占30%
高	大多数学生听说过该话题/议题，但鉴于其复杂程度，预计仅有少数学生熟悉该测试单元的内容。在校内外对该话题/议题有所接触的学生完成该测试单元更为轻松，预计表现会好很多。	约占20%	设置场景所用语言更为复杂，为正式文体或专业对话所特有，包括少量内容特定词汇或专业词汇。虽然预计大多数学生能够读懂对话并理解总体含义（不使用专业术语和晦涩措辞），但场景参与者之间的沟通仍可反映群体之间沟通方式的差异。	约占10%

学生了解话题的机会存在国际不对称性。相比于评估科学或数学等较传统的科目，在全球胜任力评估中，这种不对称性或许更为重要。这是因为仅有少数学校已有意识地将全球胜任力教育纳入课程体系，而且教育内容在国家（地区）间差异巨大。此外，全球胜任力的学习过程所发生的背景远超课堂范围：学生对全球议题和其他文化了解程度的一个重要决定因素可追溯到他们生活和学习的各种社会文化环境。全球胜任力的学习是一项文化活动，不仅因为习得这种能力部分通过社交互动来完成，而且因为该过程受到特定文化群体如何理解世界、传递信息的影响。

内容知识的这些不对称性预计将对测试表现产生重要影响。不过，测试设计使得 PISA 认知评估从根本上有别于知识测验。第一，没有测试项目直接评估事实性知识（例如，测试项目不会要求学生具体说出国际气候变化委员会最近一份报告所提及的全球气温升高幅度）。第二，仅有少数测试单元会要求学生具备全球和跨文化议题的高级背景知识（见表 2）。尽管背景内容知识有助于学生理解场景，但测试表现应主要反映学生能否运用推理和换位思考能力，将全球议题的一般知识用于意想不到的新问题和新情况。在学生了解背景内容知识的机会方面，测试设计要求学生完成不同内容范畴内几个简短的测试单元，从而弱化了国际不对称性的问题。因此，特定社会文化背景的受试学生有可能在某些方面具备较多的背景知识，而在另一些方面则较少。

场景形式

测试所用场景应反映背景类型，以及学生在了解全球议题或探究跨文化复杂互动时所扮演的角色。任务的真实性和相关性对于激发足够的测试参与度至关重要。场景的设计可采用下列四种形式，分配给学生特定角色，使参与任务目的明确。

1. 学生是研究者。

2. 学生是报告者。

3. 学生是斡旋者或团队成员。

4. 学生是辩论者。

在第一种形式（学生是研究者）中，受试学生被要求设想自己参加一门校内课程的学习，在学期末需要提交一份与其他同学合撰的研究论文。在该场景中，学生要研究来自网络或团队同学提供的信息。这一形式测试多种类型的认知过程：可以为学生提供多个网络搜索结果，并要求他们选出最适合研究的结果，以此评估他们的信息遴选能力；可以要求学生调查研究团队的两个成员之间发生误解或矛盾的起因，以此评估他们的换位思考能力。

第二种形式（学生是报告者）提供表现性任务，学生可通过充当报告者的方式来完成。场景要求学生充当记者，就自己听到的新闻撰写一篇文章。该类型场景的文本通常采用报纸或社交媒体摘录的形式，体现案例要点。第一个或第一组问题通常检验学生能否理解信息，能否评估信息来源所讲信息的质量和可靠性，能否通过质疑作者的可能动机和作者对信息的主观解读进行超文本推理。要求学生搜索自己需要的信息和信息来源，例如，要求学生确定自己希望采访哪些参与者，以及（或者）为更好地了解不同参与者的行为和视角，选取要询问的相关问题，在此过程中，场景得以展开。这类场景可评估本框架内的所有认知过程，对于评估学生选取、利用信息，判定信息可信度的能力尤为有效。对大多数学生而言，任务的调查性应足够振奋人心，合乎实际。

"学生是斡旋者或团队成员"的场景询问学生为缓和或化解校内或邻里矛盾，会提供什么建议。文本通常采用对话形式，有两名或更多参与者就某项议题产生矛盾。问题要求学生确认情境所涉各方，确认相关各方可能的感受、想法和反应，并要求按照人物与其社会和文化特性之间的关系，确认相关各方想法和反应的原因。同时，会要求受试学生想出或确定可能的解决方案，将所有各方或大多数方面的利益考虑在内。这类场景可有效测试学生能否确认、说清、定位、解读特定社交冲突中多名当事人的视角，并提供考虑和融合不同立场的解决方案。

最后，"学生是辩论者"的场景要求受试学生在辩论中就一项议题提出论点，比较不同的视角。该场景通常提供议题的一些背景信息，学生可用于应答。场景问题要求学生为己方提出（或选择）论点，应对和反驳对方提出的论点。若恰当转换为评估形式，辩论形式可激发学生的参与度，给他们提供机会，使其展示思维和沟通技能的掌握情况。

此处对场景形式的描述并非详尽无遗，在测试开发过程中可探索其他类型的场景。

应答形式

应答形式是收集证据的形式，随评估的认知过程和选定的场景形式而变化。不同的应答形式要求具备不同的技能。例如，与开放式应答项目相比，封闭式的多项选择应答项目更加有赖于解码能力，原因是读者需要排除错误应答（Cain & Oakhill, 2006）。

和任何大型评估一样，可行的项目范围局限于开放式和封闭式问题的结合使用。但是，情景化开放式应答项目对这类评估尤为重要，因为这些项目要求学生收集抽象且概念化、适用于个案的相关知识组件，以完成一项问题解决任务（Spiro et al., 1995）。在 ICCS"国际认知测试"（Schulz et al., 2008），美国国家教育进步评价（National Assessment of Educational Progress, NAEP）"公民教育发展评估"（National Assessment Governing Board, 2010），以及英国普通中等教育证书（General Certificate of Secondary Education, GCSE）"公民素养学习考试"（Department for Education, UK, 2014）中，开放式应答项目已得到应用和认可。开放式应答项目的评分利用评价量规——包括详细的表现标准质量描述的评分准则（Andrade, 2005; Popham, 1997; Popp, Ryan & Thompson 2009; Stellmack et al., 2009; Thaler, Kazemi & Huscher, 2009）。[1] 大

---

[1] 德舍尔（Doscher, 2012）研究了"佛罗里达国际大学全球学习倡议"两个评价量规的效度和信度。这两个评价量规是指衡量大学生全球意识和视角的典型个案，所得分数对学生的学习成果予以可靠衡量。在表现性任务中，参加全球学习课程的学生得分显著高于未参加课程的学生。

多数测试单元应至少包括一个开放式问题。

表现的调节变量：阅读理解、态度和价值观

某些个体因素在 PISA 认知测试中虽未被明确评估，却可调节学生的表现。在 2018 年 PISA 认知测试的迭代开发过程中，尽管努力将文本与图像有效结合，但场景大多仍基于书面文本。因此，学生在全球胜任力测试中表现良好所需的能力在某种程度上与阅读素养所要求的能力有重叠，因为 PISA 对阅读素养的定义越来越注重学生分析、综合、整合和解读多种文本的能力（OECD, 2016）。但是，本框架确认了一组明显超出阅读能力范围的换位思考和推理能力，重在将这些能力应用于具体的内容领域（全球和跨文化议题）。全球议题和跨文化关系的特殊性有助于界定、确定任务所需的认知过程和技能。

参加 2018 年全球胜任力测试的学生也接受了阅读测试，所以有可能衡量并部分阐释阅读技能与全球理解之间的关联。因此，在解释学生阅读表现的前后，可对比学生个体和国家（地区）的评估结果。

态度能够在情感层面促进全球和跨文化理解，因此能够作为认知测试表现的调节变量。有些态度有助于训练和培养与全球胜任力相关的认知能力，例如：对其他文化有好奇心；对各种全球议题有求知欲；自觉努力了解当地和全球时事；积极看待和尊重文化差异；希望应对威胁当代及后世需求和自由的全球问题（全球意识）。认知测试不会直接衡量这些态度。但是，在 PISA 情景化问卷中，学生将报告自己在多大程度上赞同与这些态度相关的一系列表述（详见学生问卷自陈信息部分）。

认知测试结果和问卷自陈信息的交互验证将提供相关证据，表明态度如何促进全球和跨文化理解。

无疑，本评估框架在具体操作时面临的最复杂问题在于，如何明确界定价值观对全球和跨文化理解的影响。尽管价值观是全球胜任力不可或缺的组成部分，但 PISA 认知测试并未评估价值观。提供的测试要求学生反思具体议题或形势的相关陈述是否合理，影响如何，要求学生详尽阐述自己对具体议题或形势所下的结论。

该问题要求精心挑选可纳入国际认知评估的测试问题。可要求学生评价按客观标准有明确正误之分的表述，因为这些表述与公认的科学或历史证据相一致或者相矛盾。但是，所有认知测试的问题均不应意在评估学生的道德和观点，而是评估他们能否认可、阐释案例的复杂性及可能立场的多重性。例如，在一个假定的场景中，一位父亲为了养活饥肠辘辘的子女而行窃。问题不会要求学生得出结论，判定这一行为是否应受特定惩罚；而是要求学生表现出一种认知，即在某些情况和视角下，法律可能与人的基本需求发生冲突，并要求学生确认 / 阐释法律上临时破例可能带来的风险和无法确定的结果。

学生问卷的自陈信息

除认知评估结果之外，PISA 2018 全球胜任力报告还将包括国家群体或亚群体信息，涉及学生、校长、教师和家长对问卷项目的应答。

对于社会情感技能和态度，找到合适的评估方法比选定评估内容更难。我们几乎无法制订总是 100% 有效的自陈态度和技能量表。PISA 2018 所采用的策略是优先使用和调整经其他实证评估验证过的量表。

评估自陈技能和态度遇到的最常见问题是社会期许问题。态度与自我形象和社会认同尤其相关。为维护正面自我形象，学生可能很想以自己所认为被社会认同的方式回答问卷项目。衡量种族、宗教、性别等态度的自陈量表尤受社会期许偏见的影响。对特定群体抱有消极态度的受试者可能不愿承认，甚至不愿对自己承认他们怀有这些情感。在一项针对难民态度的研究中，施魏策尔等人（Schweitzer et al., 2005）发现，社会期许偏见导致 8% 的态度变化。

在公民与民主态度方面的文献中，李克特量表大量出现，其中一些与 PISA 所定义的全球胜任力有关。[1] 例如，开发全球意识量表是为了"衡量学生的态度（涉及对全球社区的归属感、兴趣和责任）及全球意识的相关行为"（Hett, 1993）。该量表中的项目同时涉及观念和行为，如要求学生报告他们对下列说法的赞同程度："我倾向于按照自己的价值体系判断他人的价值观。"

以这份文献为指导，PISA 2018 学生问卷包括使用李克特量表的多重陈述项目。这些项目尽可能以原有文献为基础，考虑测试时间和问题的敏感性，尽量适合 15 岁学生的实际情况。附录 C 包括全球胜任力的相关问题和项目，将纳入 PISA 2018 学生问卷。这些问题是更大材料集合的一个子集，材料

---

[1] 李克特量表涉及一系列陈述，对此，受试者表明赞同或反对，比如在 4 分或 5 分的反应量表上。

在 PISA 参与国（地区）经过现场试验。在从现场试验到主体研究的过渡阶段，删除了一些问题，简化了一些量表，以节省测试时间，同时仍确保完全涵盖本框架的内容，保证量表的心理测量效度。经 PISA 现场试验测试的较长问卷及材料的心理测量质量现场试验分析承索即寄。

项目应答分析将有助于在未来开发涉及态度和行为或情感能力的问题，这些问题或将被纳入未来的 PISA 评估。2018年以后的评估也会考虑将衡量态度的其他方法与受社会期许、偏见影响较小的"软技能"相结合。

自陈知识与技能

自陈全球和跨文化议题知识

学生问卷中的第一组问题涉及全球和跨文化议题知识。PISA 2018 问卷有一个问题，要求学生报告他们完成一系列任务的难度，任务与全球议题相关，比如阐释二氧化碳排放如何影响全球气候变化。另一问题要求学生报告他们对各种全球议题的熟悉程度，比如气候变化和全球变暖、全球健康、人口迁移。

自陈多元文化背景下的沟通能力

第二组问题是指语言、沟通和行为技能，学生需要这些能力与他人沟通，应对沟通中断，为使用不同语言或来自不同文化群体的人做调解。评估学生这些能力的发展可依据他们的外语熟练程度，以及他们的自陈报告：在陌生环境中与其他文化背景者沟通的能力。

可利用外语能力的自陈数据，分析外语学习与全球理解测得水平或者对其他国家（地区）和文化的积极倾向测得水平之间的关系。对语言教学工作和旨在提升学生全球议题理解力的课程计划而言，该调查可产生多种重要的政策启示。

PISA 2018 的学生问卷可反映学生和家长会讲几种语言，其熟练程度足以和他人进行交谈。问卷也包括这样一个问题：询问学生在使用母语和母语不同者谈话时，在多大程度上能够对事情做出详细解释，核实对方的理解情况，或者调整自己的语言。

自陈适应能力

跨文化沟通研究已开发并验证了几个有关适应力和应变力的测试项目及量表。例如，波塔拉和陈（Portalla & Chen, 2010）编制的"跨文化效力量表"包括行为应变力的自陈程度，比如对下列说法的同意程度："在与不同文化背景的人互动时，我常表现得判若两人。"PISA 2018 问卷包括一个涉及适应力的多重陈述问题，询问学生如何应对与其他文化背景者有挑战的互动。问题的六项内容改编自马丁和鲁宾（Martin & Rubin, 1995）、丹尼斯和范德·瓦尔（Dennis & Vander Wal, 2010）的经过验证的量表。

自陈换位思考能力

与适应力一样，关于换位思考能力和移情能力，有多个专为青少年设计、已通过评审可用于 PISA 问卷的量表。其中包括"儿童和青少年移情能力指数"（IECA, Bryant,

1982），来自"儿童行为问卷"的"移情能力分量表"（Rothbart et al., 1994），"人际反应指数"（IRI, Davis, 1980），"基本移情能力量表"（Jolliffe & Farrington, 2006），以及"青少年移情和同情能力衡量标准"（AMES, Vossen et al., 2015）。在 PISA 学生问卷中，评估换位思考能力的问题包含五项内容。这五项内容改编自戴维斯（Davis, 1983），有望形成一个单维概念。

自陈态度

自陈对待不同文化背景者的开放态度

PISA 问卷有一个问题，评估学生"对了解其他文化的兴趣"。该问题评估学生了解其他国家（地区）、宗教和文化的愿望或意愿。问题所含的四项内容改编自不同来源，比如陈等人（Chen et al., 2016），以及马洪和卡什纳（Mahon & Cushner, 2014）。

自陈对其他文化背景者的尊重

PISA 问卷有一个问题，要求学生报告他们认为自己在多大程度上平等对待、尊重和重视他人，而无论其文化背景如何。问题的五项内容改编自欧洲委员会（the Council of Europe, 2016b）、芒罗和皮尔逊（Munroe & Pearson, 2006）、拉扎尔（Lazar, 2012），以及弗里茨等人（Fritz et al., 2002）。

自陈全球意识

PISA 问卷包括一个关于全球意识的问题。问题的六项内容意在评估全球意识的下列方面："世界公民意识"（项目 1），"对他人的责任感"（项目 2、项目 4、项目 6），"相互关联感"（项目 3），以及"全球自我效能"（项目 5）。

教授全球胜任力的策略、方法、态度问卷项目

PISA 2018 问卷将提供课程体系和教学方法创新方面的信息，这些课程体系和教学方法旨在培养学生的全球素养。有两个问题聚焦课程体系。其中一个问题询问校长和教师课程体系是否涵盖全球话题，如气候变化和全球变暖、全球健康或人口迁移。另一问题询问校长和教师，正式的课程体系是否涉及全球胜任力的技能和倾向，比如与不同文化背景或国家（地区）的人沟通，或者对跨文化经历的开放态度。

第二组问题聚焦教育者的观念和做法。其中一个问题要求校长报告教师对学校应如何对待民族多样性的普遍看法。另一问题询问在学校层面多元文化学习的具体操作，比如教授本国多元文化群体的观念、习俗或艺术，或者鼓励学生通过互联网和社交媒体与其他文化背景的人沟通。

PISA 教师问卷有两个问题询问教师有可能运用各种教学策略，对不同的学生团体做出回应的准备程度。其中一个问题提供下列信息：教师是否研究过跨文化议题，或者接受过教学法培训，以便在多元文化环境下有效教学。教师问卷的另一个问题提供下列信息：在应对多元文化课堂的挑战，使教学适应

学生的文化多样性方面，教师的自我效能如何。

　　学生问卷也从学生的视角提供教师行为方面的信息。特别是其中一个问题，要求学生报告他们是否认为教师对所有文化群体的学生一视同仁。

结 论

对日益增强的经济相互依存、文化差异、新的数字机遇和可持续发展的需要，学校如何做出回应，将对学校所服务的社区全体成员的福祉产生重大影响。多元化和同质化社区的所有人均需反对文化的刻板印象，反思种族、宗教和仇恨暴力，参与创建相互尊重、种族融合、可持续发展的社会。

培养全球胜任力，要求课堂在下述方面实现重要变革：学生学习世界和其他文化的相关内容，学生学以致用的机会，教师通过与各类学生互动为这种学习提供的支持。如今，有些国家的课程体系注重可持续发展教育和跨文化教育。同时，许多教师鼓励学生分析和反思全球议题的根源，交流看法，以探索可能的解决方案。但是，这些做法在国际上的进展并不均衡，成功做法并未得到充分分享。

本书所描述的全球胜任力概念框架，以及 2018 年 PISA 国际评估所用的方法，将首次全面概述在培养年轻人应对全球发展，于日常生活中跨越文化差异进行有效合作方面，教育体系的成功之处。数据将反映哪些全球教育的政策途径被广泛用于世界各地的学校体系，以及教师是如何为培养全球胜任力做准备的。从而，各教育体系将相互借鉴，充分地调整课程体系，推进创新型教学方法，改进初任教师教育和培训，以促进全球胜任力的培养。

同时，本评估的结果可激发各学校在探索有效途径、提升学生全球胜任力过程中的创新。实际上尽管程度不同，多种多样的课堂学习活动可影响学生的全球胜任力，因此可让教师参与所有课程领域。这些活动包括让学生采取不同视角的角色扮演活动，偏见和歧视话题讨论，或者鼓励学生分析和反思全球议题根源的项目式活动。

没有一项评估可完全阐释全球胜任力作为学习目标的复杂内涵。重要的是，PISA所用的方法反映出大型国际评估的需求和制约。因此，它不能替代课堂和学校层面的全球胜任力形成性评估。2018年以后，需要加大力度，以本倡议所得经验为基础，进一步完善对本框架所界定概念的衡量。最具挑战性，或许也是最为紧迫的任务在于，尝试并评估新型方法，以进一步完善对全球胜任力社会情感、态度和价值观维度的衡量。

参考文献

Andrade, H. G. (2005), "Teaching with rubrics: The good, the bad, and the ugly", *College Teaching*, Vol. 53/1, pp. 27-30.

Anna Lindh Foundation (2017), *The Anna Lindh Education Handbook, Intercultural Citizenship in the Euro Mediterranean Region*, Anna Lindh Foundation.

Barrett, M., M. Byram, I. Lázár, P. Mompoint-Gaillard and S. Philippou (2014), *Developing Intercultural Competence through Education*, Council of Europe Publishing, Strasbourg.

Barrows, T. S. et al. (1981), *College Students' Knowledge and Beliefs: A Survey of Global Understanding*, Change Magazine Press, New Rochelle, NY.

Bennett, M. (1993), "Towards ethnorelativism: A developmental model of intercultural sensitivity" in M. Paige (ed.), *Education for the Intercultural Experience*, Intercultural Press,

Yarmouth, ME, pp. 21-71.

Berardo, K. and D. Deardorff (2012), *Building Cultural Competence: Innovative Models and Activities*, Stylus, Sterling, VA.

Boix Mansilla, V. (2016), "How to be a global thinker", *Educational Leadership*, Vol.74/4, pp. 10-16.

Boix Mansilla, V. and H. Gardner (2007), "From teaching globalization to nurturing global consciousness" in Suárez-Orozco, M. (ed.), *Learning in the Global Era; International Perspectives on Globalization and Education*, University of California Press, California, pp. 47-66.

Boix Mansilla, V. and A. Jackson (2011), *Educating for Global Competence: Preparing Our Youth to Engage the World*, Asia Society and Council of Chief State School Officers.

Bringle, R. G. and P. H. Clayton (2012), "Civic education through service-learning: What, how, and why?" in L. McIlrath, A. Lyons and R. Munck (eds.), *Higher Education and Civic Engagement: Comparative Perspectives*, Palgrave, New York, pp. 101-124.

Bringle, R. G. et al. (2016), *Service Learning in Psychology: Enhancing Undergraduate Education for the Public Good*, American Psychological Association, Washington, D.C.

British Council (2013), *Culture at Work: The Value of Intercultural Skills in the Workplace*, British Council, United Kingdom.

Brubacker, R. and D. D. Laitin (1998), "Ethnic and nationalist violence", *Annual Review of Sociology*, Vol. 24, pp. 423-452.

Bryant, B. K. (1982), "An index of empathy for children and adolescents", *Child Development*, Vol. 52/2, pp. 413-425.

Buckingham, D. (2007), "Digital media literacies: Rethinking media education in the age of the internet", *Research in Comparative and International Education*, Vol. 2/1, pp.43-55.

Byram, M. (2008), *From Foreign Language Education to Education for Intercultural Citizenship*, Multilingual Matters, Clevedon.

Chen, S. X. et al. (2016), "Conceptualizing psychological processes in response to globalization: Components, antecedents, and consequences of global orientations", *Journal of Personality and Social Psychology*, Vol.110, pp. 302-331.

Clapham, A. (2006), *Human Rights Obligations of Non-state Actors*, Oxford University Press, Oxford.

Costa, A. L. and B. Kallick (2013), *Dispositions: Reframing Teaching and Learning*, Corwin Press, Thousand Oaks, CA.

Council of Europe (2015), *TASKs for Democracy; 60 Activities to Learn and Assess Transversal Attitudes, Skills, and Knowledge*, Council of Europe, Strasbourg.

Council of Europe (2016a), *Competences for Democratic Culture: Living Together as Equals in Culturally Diverse Democratic Societies*, Council of Europe, Strasbourg.

Council of Europe (2016b), *Competences for Democratic*

Culture (CDC): 559 Validated Descriptors, Council of Europe, Strasbourg.

Davis, M. H. (1980), "A multidimensional approach to individual differences in empathy", *JSAS Catalog of Selected Documents in Psychology*, Vol. 10/85.

Davis, M. H. (1983), "Measuring individual differences in empathy: Evidence for a multidimensional approach", *Journal of Personality and Social Psychology*, Vol. 44/1, pp. 113-126.

Deardorff, D. K. (2009), "Implementing Intercultural Competence Assessment" in D. K. Deardorff (ed.), *The SAGE Handbook of Intercultural Competence*, Sage, Thousand Oaks, CA, pp. 477-491.

Deardorff, D. K. (2013), "Promoting understanding and development of intercultural dialogue and peace: A comparative analysis and global perspective of regional studies on intercultural competence", report prepared for UNESCO Division of Cultural Policies and Intercultural Dialogue, UNESCO, Paris.

Deardorff, D. K. (forthcoming), *UNESCO Manual on Developing Intercultural Competence Based on Human Rights*, UNESCO, Paris.

Delors, J. et al. (1996), *Learning: The Treasure Within*, UNESCO, Paris.

Dennis, J. P. and J. S. Vander Wal (2010), "The Cognitive Flexibility Inventory: Instrument development and estimates of reliability and validity", *Cognitive Therapy and Research*, Vol.

34/3, pp. 241-253.

Donnelly, J. (2007), "The relative universality of Human Rights", *Human Rights Quarterly*, Vol. 29/2, pp. 281-306.

Doscher, S. P. (2012), "The development of rubrics to measure undergraduate students' global awareness and global perspective: A validity study", Doctoral Dissertation, Florida International University.

Ennis, R. H. and E. Weir (1985), *The Ennis–Weir Critical Thinking Essay Test*, Midwest Publications, Pacific Grove, CA.

Ennis, R. H., J. Millman and T. N. Tomko (1985), *Cornell Critical Thinking Tests*, Midwest Publications, Pacific Grove, CA.

Fantini, A. E. (1997), *New Ways in Teaching Culture*, Alexandria, VA: TESOL.

Fennes, H. and K. Hapgood (1997), *Intercultural Learning in the Classroom: Crossing Borders*, Cassell, London.

Fritz, W., A. Mollenberg and G. M. Chen (2002), "Measuring intercultural sensitivity in different cultural contexts", *Intercultural Communication Studies*, Vol. 1/2, pp. 165-176.

Gaudelli, W. (2003), *World Class: Teaching and Learning in Global Times*, Lawrence Erlbaum Associates, Inc., Mahwah, NJ.

Gaudelli, W. (2006), "Convergence of technology and diversity: Experiences of two beginning teachers in web-based distance learning for global/multicultural education", *Teacher Education Quarterly*, Vol.33/1, pp. 97-116.

Gay, G. (2015), "Teaching to and through cultural diversity",

Curriculum Inquiry, Vol. 43/1, pp. 48-70.

Global Cities (2017), "A Framework for Evaluating Student Outcomes in Global Digital Education", White Paper, Global Cities Inc., New York.

Halpern, D. F. (2010), *Halpern Critical Thinking Assessment Manual*, Schuhfried GmbH, Vienna, Austria.

Hansen, R. (2010), "Impact of study abroad on ethnocultural empathy and global-mindedness", Unpublished Doctoral Dissertation, Ball State University.

Hanvey, R. G. (1975), *An Attainable Global Perspective*, Center for War/ Peace Studies, New York.

Harzing, A.-W. (2006), "Response styles in cross-national survey research", *International Journal of Cross Cultural Management*, Vol. 6/2, pp. 243-266.

Hett, E. J. (1993), "The development of an instrument to measure global mindedness", Unpublished Doctoral Dissertation, University of San Diego.

International Baccalaureat Organisation (2012), *What is an IB Education?* (brochure), IBO, Cardiff.

Jolliffe, D. and D. P. Farrington (2006), "Development and validation of the Basic Empathy Scale", *Journal of Adolescence*, Vol. 29/4, pp. 589-611, http://dx.doi.org/10.1016/j.adolescence.2005.08.010.

Karaman, A. C. and F. V. Tochon (2007), "International student teaching in world language education: Critical criteria for global teacherhood", *Critical Inquiry in Language Studies*, Vol.4/2-3, pp. 237-264, http://dx.doi.org/10.1080/15427580701389714.

Kellner, D. and J. Share (2005), "Toward Critical Media Literacy: Core concepts, debates, organizations, and policy", *Discourse: Studies in the Cultural Politics of Education*, Vol. 26/3, pp. 369-386.

Khoza, R. (2011), *Attuned Leadership: African Humanism as Compass*, Penguin, Johannesburg.

Klein, J. D. (2013), "Making meaning in a standards-based world: Negotiating tensions in global education", *Educational Forum*, Vol. 77/4, pp. 481-490, http://dx.doi.org/10.1080/00131725.2013.822044.

Kymlicka, W. (1995), *Multicultural Citizenship: A Liberal Theory of Minority Rights*, Oxford University Press, Oxford.

Lázár, I. (ed.) (2012), *Recognising Intercultural Competence: What Shows That I Am Interculturally Competent?*,Council of Europe, Strasbourg, http://www.coe.int/t/dg4/education/Pestalozzi/home/What/ICCTool_en.asp (wording adapted).

Lee, H.-W., et al. (2017), *An International Collaborative Study of GCED Policy and Practice (I)*, Korea Institute for Curriculum and Evaluation: Seoul. Research Report RRO 2017-1.

Liu, O. L., L. Frankel and K. C. Roohr (2014), Assessing critical thinking in higher education: Current state and directions for next-generation assessment (ETS RR-14-10), Educational Testing Service, Princeton, NJ.

Liu, O. L. et al. (2016), "Assessing critical thinking in higher education: The HEIghten approach and preliminary evidence", *Assessment & Evaluation in Higher Education*, Vol. 41/5, pp. 677-694.

Mahon, J. A. and K. Cushner (2014), "Revising and updating the inventory of cross-cultural sensitivity", *Intercultural Education*, Vol.25/6, pp. 484-496.

Martin, M. M. and R. B. Rubin (1995), "A new measure of cognitive flexibility", *Psychological Reports*, Vol.76/2, pp. 623-626.

Merryfield, M. M. (2008), "Scaffolding social studies for global awareness", *Social Education*, Vol. 72/7, pp. 363-366.

Mogkoro J. (1995), "State v. Makwanyane and Mchunu", (6) BCLR 665 (CC), para 308.

Munroe, A. and C. Pearson (2006), "The Munroe Multicultural Attitude Scale Questionnaire: A new instrument for multicultural studies", *Educational and Psychological Measurement*, Vol.66/5, pp. 819-834.

Myers, J. P. (2006), "Rethinking the social studies curriculum in the context of globalization: Education for global citizenship in the US", *Theory & Research in Social Education*, Vol. 34/3, pp. 370-394.

National Assessment Governing Board (NEA) (2010), *Civics Framework for the 2010 National Assessment of Educational Progress*, U.S. Department of Education, Washington, D.C.

North-South Centre of the Council of Europe (2012), *Global Education Guidelines: Concepts and Methodologies on Global Education for Educators and Policy Makers*, North-South Centre of the Council of Europe, Lisbon.

Nussbaum, M. (1997), *Cultivating Humanity: A Classical Defense of Reform in Liberal Education*, Harvard University Press, Cambridge, MA.

Nwosu, P. (2009), "Understanding Africans' conceptualizations of intercultural competence" in D. K. Deardorff (ed.), *The SAGE Handbook of Intercultural Competence*, Sage, Thousand Oaks, CA.

O'Connor, K. and K. Zeichner (2011), "Preparing US teachers for critical global education", *Globalisation, Societies and Education*, Vol. 9/3-4, pp. 521-536.

OECD (2016), "PISA 2018 draft reading framework", *OECD Working Paper*, OECD, Paris.

O'Reilly, T. and Sabatini, J. (2013), *Reading for Understanding: How Performance Moderators and Scenarios Impact Assessment Design* (ETS Research Report No. RR-13-31), Retrieved from http://www.ets.org/Media/Research/pdf/RR-13-31.pdf (last accessed 28 November 2017).

Oxfam (2015), "Education for Global Citizenship, a guide for schools" (booklet).

Popham, W. J. (1997), "What's wrong—and what's right—with rubrics", *Educational Leadership*, Vol. 55/2, pp. 72-75.

Popp, S. E. O., J. M. Ryan and M. S. Thompson (2009), "The

critical role of anchor paper selection in writing assessment", *Applied Measurement in Education*, Vol. 22/3, pp. 255-271.

Portalla,T. and G.-M. Chen (2010), "The development and validation of the intercultural effectiveness scale", *Intercultural Communication Studies*, Vol. 19/3, pp. 21-37.

Rapoport, A. (2010), "We cannot teach what we don't know: Indiana teachers talk about global citizenship education", *Education, Citizenship and Social Justice*, Vol.5/3, pp. 179-190, http://dx.doi.org/10.1177/1746197910382256.

Reimers, F. (2017), "Empowering Students to Improve the World in Sixty Lessons. Version 1.0", CreateSpace Independent Publishing Platform.

Ritchhart, R. (2011), *"Making Thinking Visible: How to Promote Engagement, Understanding, and Independence for All Learners"*, Jossey Bass, San Francisco.

Rothbart, M. K., S. A. Ahadi and K.L. Hershey (1994), "Temperament and social behavior in childhood", *Merrill-Palmer Quarterly: Journal of Developmental Psychology*, Vol.40, pp. 21-39.

Rychen, D. S. and L.H. Salganik (eds.) (2003), *Key Competencies for a Successful Life and a Well-Functioning Society*, Hogrefe and Huber, Göttingen, Germany.

Sabatini, J. et al. (2014), "Broadening the scope of reading comprehension using scenario-based assessments: Preliminary findings and challenges", *International Journal Topics in Cognitive*

Psychology, Vol. 114, pp. 693-723.

Sabatini, J. et al. (2015), "Improving comprehension assessment for middle and high school students: Challenges and opportunities" in D. Reed and K. Santi (eds.), *Improving Reading Comprehension of Middle and High School Students*, Springer, New York, pp. 119-151.

Schulz, W. et al. (2010), *ICCS 2009 International Report. Civic Knowledge, Attitudes, and Engagement Among Lower-Secondary School Students in 38 Countries*, IEA, Amsterdam.

Schuster, K. and J. Meany (2005), *Speak out! Debate and Public Speaking in the Middle Grades*, International Debate Education Association, New York.

Schwartz, S. H. (2012), "An overview of the Schwartz Theory of Basic Values", *Online Readings in Psychology and Culture*, Vol. 2/1, http://dx.doi.org/10.9707/2307-0919.1116.

Schweitzer, R. et al. (2005), "Attitudes towards refugees: The dark side of prejudice in Australia", *Australian Journal of Psychology*, Vol. 57/3, pp. 170-179.

Seelye, H. N. (1996), *Experiential Activities for Intercultural Learning*, Yarmouth, ME: Intercultural Press.

Sen, A. (2007), *Identity and Violence: The Illusion of Destiny*, Penguin Books, India.

Sinicrope, C., J. M. Norris and Y. Watanabe (2007), "Understanding and assessing intercultural competence: A summary of theory, research, and practice", Technical report for the

Foreign Language Program Evaluation Project, Honolulu, HI.

Spiro, R. J. et al. (1988), "Cognitive flexibility theory: Advanced knowledge acquisition in ill-structured domains" in V. Patel (ed.), *Proceedings of the 10th Annual Conference of the Cognitive Science Society*, Erlbaum, Hillsdale, NJ.

Stellmack, M. A. et al. (2009), "An assessment of reliability and validity of a rubric for grading APA-style introductions", *Teaching of Psychology*, Vol. 36/2, pp. 102-107.

Storti, C. (2017), *Cross-Cultural Dialogues: 74 Brief Encounters with Cultural Differences*, Yarmouth, ME: Intercultural Press.

Stringer, D. M. and P. A. Cassidy (2009), *52 Activities for Improving Cross-Cultural Communication*,Yarmouth, ME: Intercultural Press

Suarez, D. (2003), "The development of empathetic dispositions through global experiences", *Educational Horizons*, Vol. 81/4, pp. 180-82.

Suárez-Orozco, C., M. M. Suárez-Orozco and I. Todorova (2008), *Learning a New Land: Immigrant Students in American Society*, Harvard University Press, Cambridge, MA.

Thaler, N., E. Kazemi and C. Huscher (2009), "Developing a rubric to assess student learning outcomes using a class assignment", *Teaching of Psychology*, Vol. 36/2, pp. 113-116.

Torney-Purta, J. et al. (2015), *Assessing Civic Competency and Engagement in Higher Education: Research Background,*

Frameworks, and Directions for Next-Generation Assessment, ETS Research Report Series.

UK Government Department for Education (2014), "Citizenship studies: Draft GCSE subject content (DFE-00582-2014)", Department of Education.

UNESCO (2001), *Universal Declaration of Cultural Diversity*, UNESCO, Paris, Available at http://unesdoc.unesco.org/images/0012/001271/127160m.pdf.

UNESCO (2007), *Guidelines on Intercultural Education*, UNESCO, Paris.

UNESCO (2013), *Intercultural Competences: Conceptual and Operational Framework*, UNESCO, Paris.

UNESCO (2014a), *Global Citizenship Education: Preparing Learners for the Challenges of the 21st Century*, UNESCO, Paris.

UNESCO (2014b), *Learning to Live Together: Education Policies and Realities in the Asia-Pacific*, UNESCO, Paris.

UNESCO (2014c), *Teaching Respect for All*, UNESCO, Paris.

UNESCO (2015), *Global Citizenship Education: Topics and Learning Objectives*, UNESCO, Paris.

UNESCO (2016), *Global Education Monitoring Report*, UNESCO, Paris.

Vossen, H. G. M., J. T. Piotrowski and P. M. Valkenburg (2015), "Development of the Adolescent Measure of Empathy and Sympathy (AMES)", *Personality and Individual Differences*, Vol.74, pp. 66-71, http://dx.doi.org/10.1016/j.paid.2014.09.040.

Williams-Gualandi, D. (2015), "Intercultural Understanding: What are we looking for and how do we assess what we find?", Working Papers Series: International and Global Issues for Research No. 2015/7, University of Bath.

Willingham, D. T. (2007), "Critical thinking: Why is it so hard to teach?", *American Educator*, pp. 8-19.

Zuckerman, E. (2013), *Rewire: Digital Cosmopolitans in the Age of Connection*, W. W. Norton & Company.

附 录

附录 A. 全球理解认知评估场景示例 [①]

全球气温在上升吗?

内容领域:3. 环境的可持续发展(3.1 自然资源和环境风险)。

科学课上,梅伊阅读了日报重点刊载的一篇研究文章。文章作者以下图为依据,宣称全球气温上升的流行说法不受数据

[①] 这些示例仅为说明之用,未经负责开发 PISA 2018 认知工具的专业测试开发人员制备与核实。示例不含经充分开发的测试项目。示例包括问题和"参考答案",意在指导开发多项选择或开放应答形式的测试项目。

支持。确切地说，2011 年和 2012 年的全球气温低于 2008 年
和 2009 年。

全球气温

离均差

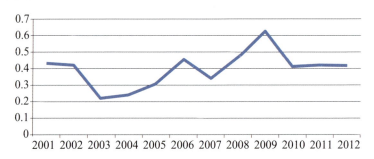

梅伊的老师让全班同学观察另一张图，这是她根据文章中
的相同数据源绘制的。

全球气温

离均差

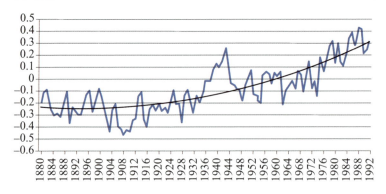

问题: 通过对比两张图，你对于文章说法的合理性有何推断?

问题分类: 1. 评估信息，阐述论点，阐释复杂情况或问题（1.2 权衡信息来源）。

参考答案: *作者的说法没有确凿证据。分析全球气温变化，作者应考虑更大的时间范围。*

教师告知全班学生，文章所做研究受一家大型石油公司资助。同时，她解释说，一些雇用研究人员开展研究的公司在出资前，要求研究人员签署保密协议，放弃独立发布任何研究结果的权利。

问题：**允许企业赞助科研而不加监管，会产生什么后果？**

问题分类: 4. 评估行动和结果（4.2 评估结果和影响）。

参考答案: *若监管不当，研究人员可能受到诱导，去支持赞助商的利益，有些资金或导致"经费偏误"。*

靠天分的球员

内容领域：1. 文化和跨文化关系（1.4 换位思考，刻板印象，歧视和褊狭）。

上周，你方球队输了比赛，原因是一名外籍球员在忍受客队球迷的种族侮辱近一小时后，决定退赛，迫使你方球队以 10 人对抗 11 人。你的一位朋友也在体育场，对你说这名球员应坚持参赛，而不应受到侮辱事件的干扰。

问题：**有何措施可阻止该球员退赛，以免削弱球队力量？**

问题分类: 4. 评估行动的结果（4.1 考虑行动）。

参考答案: *裁判执行明文规定，一旦听说有种族侮辱事*

件发生，即暂停比赛，取消其球迷有种族歧视行为球队的比赛资格。

在谈论退赛球员的过程中，你意识到，自己和朋友都从未使用这名球员的真实姓名，而是一直称呼他为"野兽"。这是他和你方球队在首场比赛后从记者那里得到的绰号。你方球队的队长兼任国家队队长，他的绰号则是"智囊"。

问题：绰号的选用可能带来什么结果？

问题分类：*4. 评估行动和结果（4.2 评估结果和影响）。*

参考答案：*这样做可能强化一种观念，即本国球员聪明勤奋，而外籍球员靠的是天分。*

盖丘亚语歌曲

内容领域：*1. 文化和跨文化关系（1.1 多元文化社会中身份认同的形成）/ 4. 机构、冲突和人权（4.3 政治参与和全球接触）。*

在一段拥有超 200 万观众的视频中，雷娜塔·弗洛里斯（Renata Flores）用她的母语盖丘亚语演唱迈克尔·杰克逊的《你给我的感觉》（*The Way You Make Me Feel*），背景是古印加遗迹。雷娜塔是一名社会活动人士，正在参与一个名为"我们年轻人也说盖丘亚语"（Las juventudes tambien hablamos Quechua）的项目。

问题：你认为雷娜塔在试图传递什么信息？

问题分类：*2. 确认并分析多种视角和世界观（2.1 识别视*

角和世界观）。

参考答案：*她希望改变年轻人认为土著语言过时落后的观念。她希望复兴自己民族的文化，改变文化的单一性。*

另有几项倡议正力图复兴濒危语言。例如，一家主要的互联网搜索引擎已推出盖丘亚语版本；澳大利亚新南威尔士州政府已建议立法，以保护和复兴土著语言。但是，延续濒危语言并非易事。

问题：下列哪些因素会加速语言的消亡？

问题分类：*1. 评估信息，阐述论点，阐释复杂情况或问题（1.4 描述和阐释复杂情况或问题）。*

参考答案：*少数族裔年轻人认为说自己的继承语并不酷；缺乏土著语教师；濒危语言鲜有人们可用以学习的书面语法和词典。*

附录 B. 认知测试场景的可能话题描述

本附录所列全球和跨文化议题可用作开发认知测试场景的参考话题。本部分内容表明，这些复杂话题对 15 岁学生要有发展适宜性和足够的参与性。

1. 文化和跨文化关系

本内容领域涉及文化多样性的多重表现，如语言、艺术、知识、传统和规范。习得本领域的知识有助于年轻人认识到视角受多种文化影响力的作用，更好地理解文化间的差异，重视对文化差异的保护。

1.1 多元文化社会中身份认同的形成

本子领域聚焦年轻人如何在多元文化社区和互联社会中培养自己的文化认同。本子领域的场景可描述：少数族裔个人和（或）移民须周旋于少数民族（家庭）文化和多数民族（朋辈群体和校园学习）文化之间的处境；不同社会中年轻公民的权利和责任；复杂的身份认同（民族、性别、宗教）；认为文化一成不变而非变动不居的观点；对青少年在校内外应如何表现的期望；在多元文化课堂中师生之间支持关系和矛盾关系的成因；在不同文化中与父母、家庭和社区网络之间的关系；文化庆祝活动和主张更大文化认同尝试之间的矛盾；对社会内部权力和特权的理解；集体和个体文化取向与由此产生的不同价值判断之间的差异。同时，场景也会涉及年轻人构建、回应数字身份认同的方式。重要的是，这些场景涉及个人多重而复杂的身份认同，以免他们形成"单一说法"的身份认同。

1.2 文化表现和文化交流

本子领域聚焦保护世界文化资本（如语言、艺术、传统）的议题，以及主导文化与非主导文化之间的关系。本子领域的场景可描述：世界不同文化的表现；文化多样性的意义；保护、促进语言和其他文化表现多样性的公共政策；鼓励学习、欣赏不同文化传统的学校举措；关于发展的含义及各国应如何支持他国发展的不同视角；设计校内艺术和文化教育计划；在提供接触文化表现的途径方面新技术所发挥的作用；公共媒体的多样性（途径、内容、语言）；人们的习惯和消费模式的融合，以及一些国际思想如何在文化上挪用于当地背景，并且（或者）与其他文化习俗结合，形成杂糅文化。场景可涉及识别这些表现中的文化要素或信息。

1.3 跨文化沟通

本子领域聚焦学生对涉及不同文化背景者的沟通过程其复杂程度了解多少。本子领域的场景可描述以下情境：不同听众从同一信息中解读出不同含义；因遵循不同的沟通规范，两个或更多人互不理解；个人考察下述观点，即有时语言所编码的含义难以被其他语言理解；随着同事／朋辈对沟通方式的调整，学校、社区组织或职场等多元文化背景变得更加有效；由于非言语交际方式不同（特别是因为非言语方式所传递的信息往往比口头更多），人们互不理解；人们根据不同的背景（学习/非正式环境、网络背景）调整（或不调整）自己的沟通方式；人们在语言不通的情况下试图沟通。这些情境可发生于15岁学生更善于理解的非正式背景，如运动队、朋友圈、新同学（即使来自同一国家但背景不同）欢迎会，诸如此类。

1.4 换位思考，刻板印象，歧视和褊狭

本子领域涉及学生对社会/文化理解力和换位思考能力，以及文化偏见的性质、表现、影响和应对手段了解多少。本子领域的场景可再现的文本、媒体信息或谈话：表现对某些群体显性或隐性的文化偏见；描述个人如何适应或遭受文化偏见；表现人们随着获得有关他人的新信息，如何纠正自己的刻板印象。偏见和过度简化的常见表现包括：对于学生在不同科目上的学业能力，基于性别或社会经济的刻板印象；遴选求职者时的性别或种族偏见；对某些群体的暴力和犯罪倾向的看法；对土著文化的刻板印象；对各种性取向的褊狭态度；宗教的刻板印象。场景可要求学生确认、讲清、阐释和定位不同的文化视角。场景可要求学生研究这些歧视案例，应对不同价值体系发生冲突时的两难处境。具体而言，可采用对话交流：发表带有偏见的评论，然后受试学生须决定如何做出回应。

2. 社会经济发展和相互依存

本领域聚焦当地、区域和世界之间的经济联系，研究这些

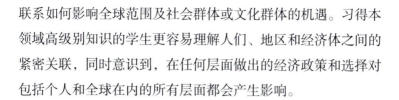

联系如何影响全球范围及社会群体或文化群体的机遇。习得本领域高级别知识的学生更容易理解人们、地区和经济体之间的紧密关联，同时意识到，在任何层面做出的经济政策和选择对包括个人和全球在内的所有层面都会产生影响。

2.1 经济互动和相互依存

本子领域聚焦多层面经济体系的联系和相互依存。本子领域设置的场景话题举例如下：日用品（手机、服装）的跨国生产；金融自由化、蔓延和金融危机；资本流向及资本流动的不稳定性；国际企业的兴起；低成本旅行和货运对当地经济体系的影响；技术投资和技术交流；工资差异和外国投资；工作迁徙对各国的影响。

2.2 人力资本，发展和不平等

本子领域聚焦经济一体化与社会发展的关系。本子领域的话题示例包括：国际和国内的教育不平等，以及收入不平等的趋势；经济一体化与减贫；发展可持续旅游业；在全球自动化生产和计算机化的形势下就业机会的变化；教育流动及人才流失。

3. 环境的可持续发展

本内容领域聚焦与自然资源需求和利用相关的复杂系统。对这一领域有更多接触的学生了解消耗地球自然环境的主要因素，且更懂得如何追求生活质量的改善而不破坏地球环境。

3.1 自然资源和环境风险

在这一子领域中，学生了解地球面临的主要环境风险，以及自然界生态的相互依存关系。本子领域所考虑的环境风险普遍存在，同时关系到发达国家和发展中国家，给未自愿选择承受其后果的人们带来危害，需要公共机构的监管。在大多数情况下，这些风险无法准确评估，在不同的背景和社会条件中，会有不同的评估方法。这些风险包括：气候变化；空气污染和相关的健康风险；污染和海洋的过度酸化；土壤退化；沙漠化和干旱；人口增长和不可持续发展的城市化；自然灾害；冰川物质平衡；农药残留污染；地球生物多样性的丧失；清洁淡水的获取；过度捕捞；砍伐森林；等等。重要的是，要选择最贴近 15 岁学生的话题。

3.2 环境可持续发展的政策、做法和行为

本子领域聚焦决策者和个人为减少资源消耗，更好地管控环境风险所能采取的措施。本子领域中的场景可要求学生反思：为鼓励可持续消费和生产而部署的工具和手段（如标准、税收、补贴、宣传活动、教育等）；媒体宣传环境风险的方式；政府在选择经济政策时如何权衡自然资源的损耗风险；非政府组织在形成关于环境议题的公众舆论及改变政策方面所发挥的作用；发展与环境关切之间的权衡；在不同国家和背景中，理解可持续发展及分配政治责任方面的差异。

4. 机构、冲突和人权

本内容领域聚焦正式与非正式机构，这些机构支持人们之间的和平关系及对基本人权的尊重。学生可了解联合国等全球机构是如何发展的，可按照要求反思在权力关系高度不对称的世界，全球治理的争议性，审视国家、民族或社会群体之间当前和历史冲突的影响因素与解决方案，探讨年轻人积极参与社会、行使权利和责任的空间与机遇。

4.1 冲突和仇恨犯罪的防范

本子领域涉及管控、化解和防范暴力冲突的机构与策略。相关冲突包括国际战争、内战、民族或宗教冲突，以及针对特定群体的仇恨犯罪。本子领域的场景可让学生了解对特定暴力冲突起因的不同解读；对于因稀缺自然资源的竞争或国家间的经济竞争而导致的冲突，提供不同的历史重构；鼓励学生对管控、化解和防范冲突的策略做出分析；要求学生思考有些冲突比其他冲突更难化解的原因；让学生反思冲突方达成和解的必要心理前提（比如，愿意承认是己方做出了不可接受的行为，等等）；让学生考察非暴力抗议在社会和政治变革中所起的作用，关于社会正义彼此矛盾的定义，以及对于实现持久和平、加强社会凝聚力的条件所持的对立观点。

4.2 普遍人权和当地传统

本子领域涵盖人权教育。场景涉及《世界人权宣言》或《联合国儿童权利公约》等重要文件。可要求学生反思有些人享受不到权利的原因（比如，为什么教育机会的性别不平等长期存在）；探寻在特定背景下会破坏人权的政治、法律、社会文化、宗教和经济因素；分析人权具有普遍性或相对性的对立论点和证据；反思国家的人权责任和（或）公民的自我保护途径；反思彼此冲突的权利及化解这些冲突的方式。

4.3 政治参与和全球接触

本子领域涉及世界各地年轻人在当地或全球背景下发表意见、发挥作用的机会。本子领域的场景可描述年轻人的真实体验：已经采取行动，改善自己社区或其他社区人们的生活条件，或者正在评估自己针对社会、公民或政治议题所能采取的行动。同时，场景所展现的情境也可描述年轻人参与志愿活动时所面临的实际困难，比如对他们想帮助的人缺乏了解，认识到个人采取行动时体验到的局限、反对、挫折和疲倦。本子领域也包括年轻人如何接触政治宣传、形成自己的政治观点的相关议题。

附录 C. 学生问卷有关全球胜任力的问题

你认为独立完成下列任务的难度如何？

（请在每行选择一个答案。）

	我无法完成	我会竭力完成	我略加努力即可完成	我可以轻松完成
解释二氧化碳排放对全球气候变化的影响	☐ 01	☐ 02	☐ 03	☐ 04
在纺织品价格与生产国工作环境之间建立联系	☐ 01	☐ 02	☐ 03	☐ 04
讨论人们成为难民的不同原因	☐ 01	☐ 02	☐ 03	☐ 04
解释为什么有些国家比其他国家更易受到全球气候变化的影响	☐ 01	☐ 02	☐ 03	☐ 04
解释一国的经济危机如何影响全球经济	☐ 01	☐ 02	☐ 03	☐ 04
讨论经济发展对环境的影响	☐ 01	☐ 02	☐ 03	☐ 04

概念：关于全球议题的自我效能

你对下述话题了解多少？

（请在每行选择一个答案。）

	我从未听说过	我听说过，但无法确切解释	我有所了解，能大致解释	我很熟悉，能确切解释
气候变化和全球变暖	☐ 01	☐ 02	☐ 03	☐ 04
全球健康（如流行疾病）	☐ 01	☐ 02	☐ 03	☐ 04
移民（人口迁徙）	☐ 01	☐ 02	☐ 03	☐ 04
国际冲突	☐ 01	☐ 02	☐ 03	☐ 04
世界各地的饥荒或营养不良	☐ 01	☐ 02	☐ 03	☐ 04
贫困的根源	☐ 01	☐ 02	☐ 03	☐ 04
世界各地的男女平等	☐ 01	☐ 02	☐ 03	☐ 04

概念：对全球议题的认知

下列每项说法在多大程度上合乎对你的描述?

（请在每行选择一个答案。）

	非常相符	多半相符	有些相符	不太相符	完全不符
做决定之前，我设法了解每个人在分歧上的立场。	☐ 01	☐ 02	☐ 03	☐ 04	☐ 05
我认为每个问题都有两面，因此努力全面看待问题。	☐ 01	☐ 02	☐ 03	☐ 04	☐ 05
有时，我从朋友的视角看待事情，以此努力加深对他们的了解。	☐ 01	☐ 02	☐ 03	☐ 04	☐ 05
我尝试设身处地地去想象他人的感受，而不是进行批评。	☐ 01	☐ 02	☐ 03	☐ 04	☐ 05
生某人的气时，我努力从对方的视角考虑一会儿。	☐ 01	☐ 02	☐ 03	☐ 04	☐ 05

概念：换位思考能力

下列每个说法在多大程度上合乎对你的描述?

(请在每行选择一个答案。)

	非常相符	多半相符	有些相符	不太相符	完全不符
我能应对不同寻常的情况。	☐ 01	☐ 02	☐ 03	☐ 04	☐ 05
我能改变自己的行为,以满足新情况的需要。	☐ 01	☐ 02	☐ 03	☐ 04	☐ 05
即使承受压力,我也能适应不同的情况。	☐ 01	☐ 02	☐ 03	☐ 04	☐ 05
我能轻松适应新的文化。	☐ 01	☐ 02	☐ 03	☐ 04	☐ 05
和他人相处遇到困境时,我能想到化解的办法。	☐ 01	☐ 02	☐ 03	☐ 04	☐ 05
和其他文化背景的人互动时,我能克服遇到的困难。	☐ 01	☐ 02	☐ 03	☐ 04	☐ 05

概念:适应能力

设想你在用母语和母语不同的人交谈。

你在多大程度上赞同下述说法？

（请在每行选择一个答案。）

	强烈 反对	反对	赞同	强烈 赞同
我留意观察他们的反应。	☐ 01	☐ 02	☐ 03	☐ 04
我频繁核实我们正确理解了对方。	☐ 01	☐ 02	☐ 03	☐ 04
我认真倾听他们所说的话。	☐ 01	☐ 02	☐ 03	☐ 04
我仔细斟酌措辞。	☐ 01	☐ 02	☐ 03	☐ 04
我举出具体实例，以阐释自己的观点。	☐ 01	☐ 02	☐ 03	☐ 04
我详尽解释情况。	☐ 01	☐ 02	☐ 03	☐ 04
如果交流出现问题，我寻找解决办法（如利用手势、重新解释、写在纸上，等等）。	☐ 01	☐ 02	☐ 03	☐ 04

概念：跨文化交际意识

你参与下列活动吗?

(请在每行选择一个答案。)

	是	否
为保护环境,我在家减少能源使用(例如,将暖气关小,调高或调低空调温度,离开房间时关灯)。	☐ 01	☐ 02
出于道德或环保原因,即使稍贵,我也选择某些产品。	☐ 01	☐ 02
我在线签署环保或社会请愿书。	☐ 01	☐ 02
我通过社交媒体持续关注世界大事。	☐ 01	☐ 02
出于政治、道德或环保原因,我抵制某些产品或公司。	☐ 01	☐ 02
我参与促进男女平等的活动。	☐ 01	☐ 02
我参与环保活动。	☐ 01	☐ 02
我经常浏览国际社会议题的相关网站(如贫困、人权)。	☐ 01	☐ 02

概念:学生(和他人一起)对全球议题的参与

下列每个说法在多大程度上合乎对你的描述?

(请在每行选择一个答案。)

	非常相符	多半相符	有些相符	不太相符	完全不符
我希望了解不同国家人们的生活方式。	☐ 01	☐ 02	☐ 03	☐ 04	☐ 05
我希望更多地了解世界宗教。	☐ 01	☐ 02	☐ 03	☐ 04	☐ 05
我对不同文化背景的人如何看待世界感兴趣。	☐ 01	☐ 02	☐ 03	☐ 04	☐ 05
我对了解其他文化的传统感兴趣。	☐ 01	☐ 02	☐ 03	☐ 04	☐ 05

概念：对了解其他文化的兴趣

你和其他文化背景的人有接触吗?

(请在每行选择一个答案。)

	是	否
在家里	☐ 01	☐ 02
在学校	☐ 01	☐ 02
在社区	☐ 01	☐ 02
在朋友圈	☐ 01	☐ 02

概念：和其他文化背景者的接触

下列每个说法在多大程度上合乎对你的描述?

(请在每行选择一个答案。)

	非常相符	多半相符	有些相符	不太相符	完全不符
我平等看待和尊重其他文化背景的人。	☐ 01	☐ 02	☐ 03	☐ 04	☐ 05
我尊重所有人,无论其文化背景如何。	☐ 01	☐ 02	☐ 03	☐ 04	☐ 05
我给其他文化背景的人以表达看法的空间。	☐ 01	☐ 02	☐ 03	☐ 04	☐ 05
我尊重不同文化背景者的价值观。	☐ 01	☐ 02	☐ 03	☐ 04	☐ 05
我尊重不同文化背景者的观点。	☐ 01	☐ 02	☐ 03	☐ 04	☐ 05

概念:对不同文化背景者的尊重

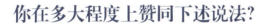

你在多大程度上赞同下述说法?

（请在每行选择一个答案。）

	强烈反对	反对	赞同	强烈赞同
我认为自己是世界公民。	☐ 01	☐ 02	☐ 03	☐ 04
看到世界上有人生活困苦时，我感到有责任采取行动。	☐ 01	☐ 02	☐ 03	☐ 04
我认为自己的行为能影响其他国家的人。	☐ 01	☐ 02	☐ 03	☐ 04
我应抵制给雇员提供恶劣工作环境的公司。	☐ 01	☐ 02	☐ 03	☐ 04
对世界的问题，我能够有所行动。	☐ 01	☐ 02	☐ 03	☐ 04
保护全球环境对我很重要。	☐ 01	☐ 02	☐ 03	☐ 04

概念：全球意识

越来越多的人在国家间迁移。你在多大程度上赞同下述有关移民的说法？

（请在每行选择一个答案。）

	强烈反对	反对	赞同	强烈赞同
移民的孩子应享有和该国其他孩子一样的教育机会。	☐ 01	☐ 02	☐ 03	☐ 04
在一国已居住数年的移民应享有选举权。	☐ 01	☐ 02	☐ 03	☐ 04
移民应享有延续自己习俗和生活方式的机会。	☐ 01	☐ 02	☐ 03	☐ 04
移民应享有该国其他人所享有的一切权利。	☐ 01	☐ 02	☐ 03	☐ 04

概念：对待移民的态度

你和父母能说几种熟练程度足以和他人交谈的语言（包括在家里所说的语言）？

（请在每行选择一个答案。）

	一种	两种	三种	四种或更多
你	☐ 01	☐ 02	☐ 03	☐ 04
母亲	☐ 01	☐ 02	☐ 03	☐ 04
父亲	☐ 01	☐ 02	☐ 03	☐ 04

概念：所说语言的数量

本学年你在学校学了几门外语？

（请输入数字。如果本学年没有外语课程，输入"0"。）

外语数量 ＿＿＿＿＿＿ 01

概念：在校所学外语课程的数量

你在学校学习下列内容吗？

（请在每行选择一个答案。）

	是	否
我学习各国经济的相互联系。	☐ 01	☐ 02
我学习在课堂上如何化解和他人的矛盾。	☐ 01	☐ 02
我学习不同的文化。	☐ 01	☐ 02
我们阅读报纸，上网查阅新闻，或者课上一起观看新闻。	☐ 01	☐ 02
老师经常要我表达对国际新闻的个人观点。	☐ 01	☐ 02
整个学年，我参与庆祝多元文化的活动。	☐ 01	☐ 02
作为定期学习的一部分，我参与世界大事的课堂讨论。	☐ 01	☐ 02
课上，我和同学们一起以小组形式分析全球议题。	☐ 01	☐ 02
我学习不同文化背景者在一些议题上所持的不同视角。	☐ 01	☐ 02
我学习如何与不同背景的人沟通。	☐ 01	☐ 02

概念：学校的全球胜任力活动

考虑贵校教师：下述说法适合其中多少人？

（请在每行选择一个答案。）

	没有或 几乎没有	一些	大多数	所有或 几乎所有
他们对有些文化群体的历史存在误解。	□ 01	□ 02	□ 03	□ 04
他们对有些文化群体的人有负面评价。	□ 01	□ 02	□ 03	□ 04
他们将受试国面临的问题归咎于有些文化群体的人。	□ 01	□ 02	□ 03	□ 04
他们对有些文化群体的学生抱有较低的学业期望。	□ 01	□ 02	□ 03	□ 04

概念：教师的跨文化态度

立体阅读

《未来世界青少年行动指南——PISA如何评估全球胜任力》

十大主题文章，全方位
解析如何培养全球胜任力

加入教师微信群，与志同
道合的伙伴共成长

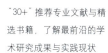

"30+"推荐专业文献与精
选书籍，了解最前沿的学
术研究成果与实践现状

及时更新的课程信息，
助力教师实践全球胜任力
教学

如果你想读懂、读透这本书，请关注"向日葵国际教育"微信公众号。
回复"PISA"获取立体阅读服务。

获取
方式

详情咨询：向日葵管家（微信号：xhdjtjy）
邮　　箱：nc—jtjy@xhd.cn

向日葵国际教育——培养具有全球胜任力的中国青少年